融合传统与未来教育的办学探索

——北京市海淀区教科院和平未来实验小学

丁 刚◎主编

科学技术文献出版社
SCIENTIFIC AND TECHNICAL DOCUMENTATION PRESS
·北京·

图书在版编目（CIP）数据

融合传统与未来教育的办学探索 : 北京市海淀区教科院和平未来实验小学 / 丁刚主编. -- 北京 : 科学技术文献出版社, 2025. 3. -- ISBN 978-7-5235-2309-4

Ⅰ. G629.281.3

中国国家版本馆CIP数据核字第2025AA5682号

融合传统与未来教育的办学探索：北京市海淀区教科院和平未来实验小学

策划编辑：梅　玲　责任编辑：韩　晶　责任校对：宋红梅　责任出版：张志平

出 版 者　科学技术文献出版社
地　　址　北京市复兴路15号　　邮编　100038
出 版 部　（010）58882943，58882087（传真）
发 行 部　（010）58882868，58882870（传真）
邮 购 部　（010）58882873
官方网址　www.stdp.com.cn
发 行 者　科学技术文献出版社发行　全国各地新华书店经销
印 刷 者　北京九州迅驰传媒文化有限公司
版　　次　2025 年 3 月第 1 版　2025 年 3 月第 1 次印刷
开　　本　710 × 1000　1/16
字　　数　161千
印　　张　11.25
书　　号　ISBN 978-7-5235-2309-4
定　　价　48.00元

编 委 会

本书得以顺利完成，离不开一个专业、敬业且富有热情的编委会团队。以下是本书的编委会成员名单。

顾　　问： 吴颖惠

主　　编： 丁　刚

执行主编： 张　禹

副 主 编： 尹　彧　王　佳

编委会成员：（以姓氏笔画为序）

丁　洁　马振鹏　王一洋　王卫丽　王亚卓　王红心

亓雨萱　冯　彬　吕　丹　刘丹姐　刘桂红　刘雪冬

闫雪白　米宝文　孙　华　李　宁　李小多　李远辉

李雪娇　李瑞玲　余泳杉　宋永健　宋官雅　宋艳霞

张　智　张莉冰　陈　颖　周雪亮　周超婷　胡　静

贾　丹　徐　莹　高金新　姬　鸣　章雅馨　葛金来

程　斌　甄海波　滕　昱　燕海霞

特别鸣谢：

在本书的编写过程中，我们还得到了许多专家、学者和教育工作者的悉心指导和大力支持。他们的宝贵意见和建议为本书增色不少。在此，我们向他们表示衷心感谢！

序

PREFACE

在教育的世界里，每一所学校都是一片独特的天地，见证着无数生命的成长。北京市海淀区教科院和平未来实验小学就是这样一片充满生机与活力的天地。它不仅承载着教书育人的使命，更在教育的道路上不断探索、创新，寻求传统与现代的完美融合。

本书深入阐释了这所学校的独特教育理念。书中详细记载了学校自创立以来的发展轨迹，展示了教育工作者如何在传统与现代之间寻得平衡点，为学生创造一种既富含深厚文化底蕴又洋溢着创新活力的学习氛围。

这所学校的教育理念既深深扎根于中华优秀传统文化，又极度贴合现代教育的创新理念。学校不仅注重知识的传授，更强调品德的培养、情感的熏陶及实践能力的提升。在这里，孩子们不仅可以学到丰富的知识，而且可以在各种实践活动中锻炼自己，成为全面发展的人才。

这本书展示了这所学校的教育成果，它的出版是对教育工作者辛勤付出的肯定。它将成为外界了解这所学校的一扇窗口，也将为其他学校提供宝贵的借鉴和参考。

在未来的日子里，这所学校将继续坚持自己的教育理念，不断探索、创新，为孩子们提供更好的教育环境。这本书也将成为学校发展历程中的重要里程碑，见证学校从传统走向现代、从探索走向成熟的每一步。

愿每一位读者都能从这本书中感受到教育的力量，感受到传统与创新相融合的魅力。让我们共同期待，北京市海淀区教科院和平未来实验小学在未来的教育道路上能够创造出更多的辉煌与成就。

尹丽君

2024 年 12 月

前言

FOREWORD

海淀北部地区作为重要的教育区域，一直致力于推动教育的优质均衡发展。这不仅关系到区域内学生的切身利益，也是海淀教育整体发展的重要组成部分。为了实现这一目标，政府、教育部门、学校和社会各界都在共同努力。

首先，政府在教育资源的配置上发挥着关键作用。通过优化教育布局、加大财政投入，海淀北部地区的教育设施得到了显著改善。新建和改扩建的学校为学生提供了更加宽敞、现代化的学习环境。同时，政府还注重师资力量的培养与引进，通过提高教师待遇、加强师资培训等措施，吸引和留住优秀教师，为教育优质均衡发展提供了坚实的人才保障。

其次，教育部门在推动教育优质均衡发展过程中扮演着重要角色。教育部门通过制定和实施一系列教育政策，确保每位学生都能享受到公平而优质的教育。例如，实施义务教育免试就近入学政策，减轻了学生的择校压力；推进课程改革和素质教育，关注学生的全面发展；加强学校之间的交流与合作，实现了教育资源的共享与互补。

再次，学校作为教育的主体，也在积极推动教育的优质均衡发展。海淀北部地区的学校纷纷开展特色教育、创新教育等实践探索，努力培养学生的创新精神和实践能力。同时，学校还注重与社区、家庭等外部环境的沟通与协作，形成了良好的教育合力。

最后，社会各界也在为海淀北部地区教育的优质均衡发展贡献力量。企业、社会团体和个人通过捐资助学、志愿服务等方式支持教育事业的发展。这种全社会的关注和参与，为海淀北部地区教育的优质均衡发展注入了强大的动力。

海淀北部地区教育的优质均衡发展是一个系统工程，需要政府、教育部门、学校和社会各界的共同努力。通过优化资源配置、加强政策引导、推进学校改革和鼓励社会参与等措施，我们相信海淀北部地区教育一定能够实现更加优质均衡的发展，为每位学生的成长和未来奠定坚实的基础。

在 21 世纪的今天，随着社会的发展和科技的进步，教育的重要性日益凸显。北京市海淀区教科院和平未来实验小学作为一所具有前瞻性和创新精神的小学，始终坚持以学生为中心，以培养具有全面素质和创新精神的新一代为己任。本书旨在全面展示北京市海淀区教科院和平未来实验小学的办学成果和特色，为未来的教育发展提供借鉴。

吴颖惠

2024 年 12 月

目录

CONTENTS

第一章

学校发展历史脉络

北京市海淀区和平小学（现称“北京市海淀区教科院和平未来实验小学”）是一所拥有红色传统和悠久历史的学校。自成立以来，它经历了初建拓荒期、快速发展期、迎接挑战期及携手新时期等多个发展阶段。

一、初建拓荒期（1955—1984年）

北京市海淀区和平小学成立于1955年，隶属于中航工业621所（现称“中国航发北京航空材料研究院”），旨在解决军工企业职工子女的教育问题（图1-1）。学校得到了国防科工委各级领导的关怀与支持，革命家吴运铎也曾亲临校园，为师生发表演讲。作为军工企业子弟学校，和平小学自创立之初便强调教育孩子铭记使命，也因此得名，并设计了校徽——橄榄枝环绕下的和平鸽。

图1-1　20世纪70—80年代校领导和干部、教师合影

二、快速发展期（1985—2014年）

1985 年，学校划归海淀区教育局管理，开启了快速发展的新篇章。得益于中航工业 621 所、计量所（现称“北京长城计量测试技术研究所”）、温泉镇及周边单位的大力支持，学校的办学条件显著改善（图 1–2）。历任领导和教师团队的团结协作使学校在继承传统的基础上不断进步，培养出众多杰出的毕业生，成为温泉地区小学教育的领头羊。

1996 年，随着海淀区小学学区制改革的实施，各学区成立中心校，形成了“中心校带完小”的管理模式。学校更名为北京市海淀区温泉中心小学，成为温泉学区的中心校。2010 年 9 月，学校确立了“孕育绿色生命，奠基幸福人生”的办学理念，并秉承绿色教育理念，制定了“和乐自然，君子不器”的育人目标。

图 1–2　1985 年新校址落成典礼

三、迎接挑战期（2015—2019年）

自 2015 年起，海淀区实施新一轮学区制改革，温泉苏家坨学区成立，和平小学恢复原名。2017 年，中关村创客小镇在海淀区温泉镇落户，吸引了众多高新技术企业，推动了当地人口素质结构的提升。生源结构由以农民子弟为主转变为以高学历人群子弟为主，家长的教育水平提高，对学校教育提出了更高要求。

同时，随着优质教育资源向北部地区倾斜，众多名校通过名校办分校、名校办新校等形式进入北部地区，温泉地区学校面临激烈的生源竞争，办学空间受到挤压，校舍老化、生源流失等问题随之而来，学校发展面临前所未有的挑战和压力。

四、携手新时期（2020年至今）

2020 年，学校发展迎来了新的历史机遇，与海淀区教育科学研究院（简称“教科院”）携手，充分利用教科研资源，共同承办北京市海淀区教科院未来实验小学，拓展了办学空间，成为学校在新时期跃升的新起点。在海淀区教科院丰富的教科研资源支持下，学校焕发了新的生机与活力。2021 年，学校被评为海淀区新优质学校。2023 年，学校加入海淀区教科院未来学校教育集团，更名为北京市海淀区教科院和平未来实验小学，并成功“借用”中国科学院第三幼儿园（杨家庄园区），形成了一校三址的办学格局，学校发展迈入新时期（图 1–3、图 1–4）。

图 1-3　新校区启动仪式暨科技嘉年华活动

图 1-4　北京市海淀区教科院和平未来实验小学教学楼

第二章

融合传统与未来教育的改革创新

改革创新是一个多层面且复杂的进程，其核心措施通常涵盖多个维度，旨在全面提升学校的教育和教学质量及办学水平。

第一，加强党建工作，确保党建的引领作用。学校将政治思想引领作为首要任务，通过党建活动来提升师生的政治意识和思想认识。将党建工作与教育教学紧密结合，确保党的教育方针在校园内得到彻底实施。同时，通过党员示范岗和党员志愿服务等项目，发挥党员的模范带头作用，激励全体师生为学校的进步和发展贡献力量（图 2－1）。

第二，优化教育理念，更新教学方法。学校以科学、先进的教育理念为核心，注重培养学生的创新精神和实践技能。在教学过程中，积极采用启发式、合作式、探究式等现代教学方法，以激发学生的学习兴趣和主动性。同时，加强数字技术与教育教学的结合，利用科技手段提升教学效率和质量。

此外，学校还不断加强课程建设，优化课程设置，确保课程内容与时俱进，满足社会需求。同时，强化实践教学环节，提高学生的实践能力和综合素质。

第三，构建完善的德育体系。学校重视德育在学生全面发展中的关键作用，构建了一个涵盖思想品德、行为习惯、心理健康等多方面的德育体系。通过开展主题教育、实践活动、志愿服务等多种形式的活动，引导学生树立正确的价值观和人生观，培养其良好的道德品质和社会责任感。

第四，加强师资队伍建设。学校高度重视教师的专业成长，通过培训、交流、考核等手段提升教师的教育教学能力和专业素养。同时，建立激励机制，鼓励教师积极参与教学改革和科研活动，以提高教师的创新能力和工作热情。

第五，学校建立了科学的评价体系（“和乐卡”机制），对学生的学习成果、教师的教学质量、学校的管理水平等进行全面、客观的评价。通过评价结果的反馈和整改措施的实施，推动学校各项工作持续改进和提升。

图 2-1　党员示范岗

一、强化党建引领，凝心聚力

唯有高质量的党建工作，方能引领学校实现高质量发展。学校始终将政治思想的引领放在首位，致力于通过党建活动锻造一支团结协作、德才兼备的骨干团队（图 2-2）。为了确保党建工作的实效性，学校将党建工作与教育教学紧密结合，确保为党育人、为国育才的目标得以有效实现。思想是行动的先导，学校通过“三会一课”等政治和理论学习活动，拓宽党员的视野，加强党员的责任感，激发他们的担当精神。通过“岗位承诺践诺”“党员志愿服务”等多样化的实践活动，增强党员的职业道德修养，点燃他们的工作激情，营造出积极向上的师德师风环境。通过“争做岗位能手”“我为学校发展建言献计”等项目，激发党员的主体意识，强化他们在课程改革和学校发展中的关键作用，有效推动了“双减”政策的实施，促进了教育教学工作的创新与突破。近年来，学校涌现出一批有理想、有能力、有担当的党员集体

和个人。例如，李宁同志带领艺术组深入研究美育；尹彧、王佳、张晶晶、宋艳霞等党员积极参与学校活动，勇于承担重要任务；王震雨、郝伟等党员积极组织学生参与广播操展示、足球比赛、啦啦操等，丰富了学生的校园生活。这些党员不仅为学校的发展做出了显著贡献，也有效提升了教师队伍的思想政治素质。

在实施党组织领导的校长负责制后，学校进一步加强了党对学校工作的全面领导。在北部教育发展的大背景下及集团化办学的新模式下，党支部深入探讨学校的战略发展规划，积极履行职责，确保学校发展的正确方向，为实现立德树人的根本任务提供了坚实的保障。

图 2–2　主题党日活动

二、开启院校合作办学的实践探索之路

2020 年 10 月 31 日，北京市海淀区教科院未来实验小学的启动仪式及科技嘉年华活动隆重举行（图 2–3）。在此次活动上，北京市海淀区和平小学正

式更名为“北京市海淀区教科院未来实验小学”，并聘任吴颖惠院长为北京市海淀区教科院未来实验小学荣誉校长，丁刚校长为北京市海淀区教科院荣誉副院长，张禹为北京市海淀区教科院未来实验小学科研副校长，这标志着院校合作办学的新篇章正式开启。

图 2–3　启动仪式上的合影

在启动仪式上，海淀区教科院与未来实验小学共同发布了《海淀区教科院未来实验小学五年发展规划》(简称《规划》)。该规划以未来学校教育理念为指导，明确了改革发展的关键任务，并展现了全体师生及家长的共同愿景，强调在继承中寻求发展。

《规划》中明确提出了培养目标，即塑造具有理想信念、优秀品质、广博知识、艺术特长、健康体魄和热爱劳动的新一代优秀学生。办学目标被进一步细化为办学理念科学先进、育人目标清晰明确、课程实施精选整合、教育教学严谨规范、教师发展实践学习和学校管理民主高效。其规划到 2023 年，初步建立一个具有未来教育特征的“绿色创新学校”，特征包括学习场景的相互融通、学习方式的灵活多元、学校组织的弹性开放、教育技术的先进前沿及教育评价的多样灵活。

为实现这一目标，学校规划依托教科院的科研力量，采取了包括构建学校思想理念文化体系、建设面向未来发展的课程体系、探索智能时代的课堂教学新生态、促进面向未来的教师专业发展和探索智能时代的学校治理模式等具体策略。《规划》清晰地指出了未来实验小学的发展方向和具体策略，为学校的发展绘制了一幅充满希望的未来蓝图。

吴颖惠院长在启动仪式上表达了坚定的承诺，她表示，将以“功成不必在我，而功力必不唐捐”的心态，以及“咬定青山不放松”的坚毅精神，全身心投入未来实验小学的办学中，贡献教科研人的思想、智慧和力量，为海淀温泉地区教育的优质均衡发展做出表率，率先探索和实践。

海淀区委教工委书记尹丽君在启动仪式上强调，这种区校合作模式不仅是学校发展史上的一个里程碑，也是新的起点。尹丽君认为，在这个新的历史时期，只有通过合作，才能实现共赢、优势互补和跨越式发展。她希望海淀区教科院与未来实验小学能够进一步统一思想，提高认识，加强协作，完善机制，扎实做好合作办学的各项工作，为海淀区义务教育学校合作办学模式树立典范，以实际成效赢得组织的认可和群众的满意，为推动本区教育事业的跨越式发展贡献力量。

三、凝聚科学先进的办学理念

“一水护园将绿绕，两山排闼送青来”精准描绘了学校自然环境的美丽。学校毗邻北京西山和京密引水渠，校园内绿意盎然，生机勃勃。学校巧妙地将地理环境、悠久的办学历史与未来教育理念相结合，确立了“孕育绿色生命，奠基幸福人生”的办学宗旨。以“绿色教育”为特色，学校追求教育方式的自然无痕，用自然的本色唤醒教育的自觉，用生活的真情润泽生活的真知，用心灵的高尚滋养心灵的纯真。

在“绿色教育”理念的引领下，学校秉持“和乐”育人文化，致力于实现义务教育培养目标的具体实践，专注于培育具有“卓越品格、关键能力和身心健康”的优秀学生。学校进一步细化了卓越品格、关键能力、身心健康等关键指标，为教育教学活动提供了明确的指导（图 2-4）。

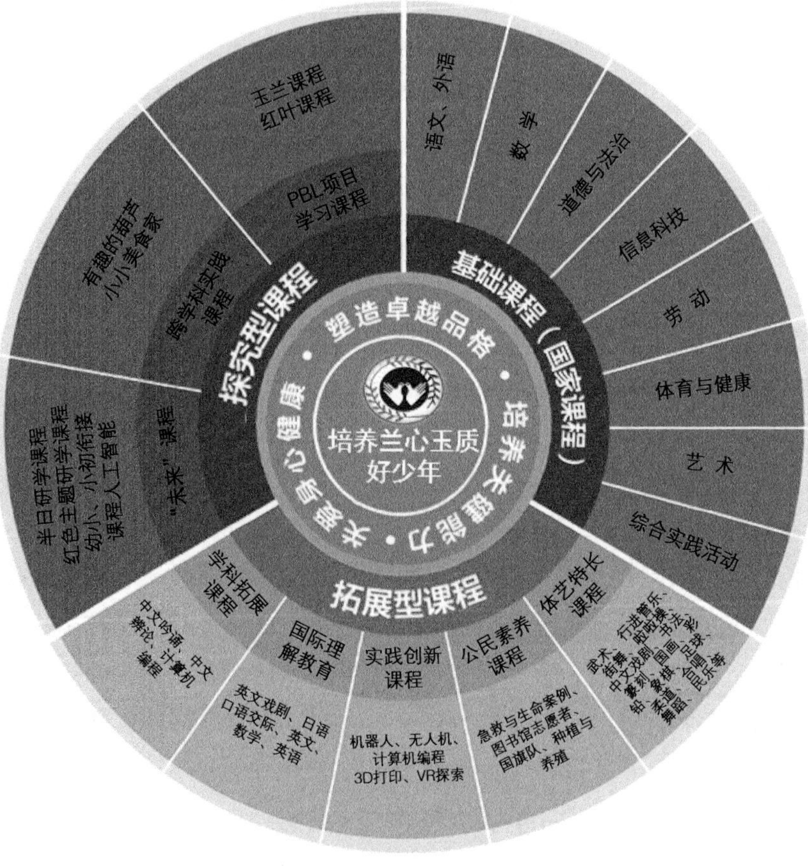

培养兰心玉质好少年
塑造卓越品格 · 培养关键能力 · 未来身心健康
基础课程（国家课程）
语文、外语
数学
道德与法治
信息科技
劳动
体育与健康
艺术
综合实践活动
探究型课程
PBL项目学习课程
玉兰课程 红叶课程
跨学科实践课程
有趣的萌芽 小小美食家
"未来"课程
半日研学课程 红色主题研学课程 幼小、小初衔接 课程人工智能
拓展型课程
学科拓展课程
中文吟诵、中文辩论、计算机编程
国际理解教育
英文戏剧、日语口语交际、英文、数学、英语
实践创新课程
机器人、无人机、计算机编程 3D打印、VR探索
公民素养课程
急救与生命案例、图书馆志愿者、国旗队、种植与养殖
体艺特长课程
武术、行进管乐、街舞、啦啦操、中文戏剧、书法、篆刻、国画、彩铅、象棋、足球、柔道、合唱、舞蹈、民乐等

图 2-4　课程图谱

1. 塑造卓越品格

目标：性格开朗，待人友善。诚信、守时、负责、正直且勤勉；自己的事情自己负责，能够自己整理内务，按时完成任务并勇于承担责任；懂得感恩和付出；懂得认真自律、尊重他人；保持强烈的好奇心和求知欲，能够自觉寻求知识，对喜欢的事物能够专注和持久；养成良好的学习习惯，并找到适合自己的学习方法，高效学习，事半功倍。

2. 培养关键能力

培养学生的认知能力，使其具备独立思考、逻辑推理、信息加工、学会学习、语言表达和文字写作的素养，养成终身学习的意识和能力。培养学生

的合作能力，使其学会自我管理，学会与他人合作，学会过集体生活，学会处理好个人与社会的关系，遵守、履行道德准则和行为规范。培养学生的创新能力，激发其好奇心、想象力和创新思维，使其养成创新人格，鼓励学生勇于探索、大胆尝试、创新创造。

3. 关爱身心健康

关注每个孩子的身心发展，帮助学生健全人格，养成运动的习惯，掌握基本的健康知识和适合自身的运动技能，树立生命安全与健康意识，形成积极的心理品质，具备抗挫折能力与自我保护能力。

品格是个人立身之本，是幸福人生的基石；能力是个人成就事业之本，是成功人生的基石；身心健康是学生茁壮成长、全面发展的基础。学生只有锻炼关键能力，塑造必备品格，打下坚实的基础，才能以不变应万变，从容应对未来的挑战。只有专注于培养学生的关键能力和必备品格，才能体现教育的可持续性，才能实现教育为学生的未来发展奠定坚实基础的目标要求。

四、构建"大主题"德育体系

为了深入贯彻立德树人的根本任务，并确保党和国家对中小学德育工作的要求得到细致、具体、有效的执行，学校依据不同主题精心策划并开展了系列德育活动。这些活动以爱国主义教育为核心，以使学生养成良好行为习惯为基础，致力于营造"和乐·立德·育人"的德育氛围。通过国旗下讲话、班会、实践活动、特色节日和校园文化建设等多样化的形式，学校与学生携手合作，共同打造了具有"和平"特色的德育教育生态。

（一）构建月份德育主题

为了不断丰富德育活动内容，并使德育在综合实践的基础上得到更好的发展，"和乐·立德·育人"系列活动将思政教育、劳动教育、感恩教育、爱国教育等融入每个月的主题，推动综合实践德育的精准实施（表 2–1）。

学校将"和乐·立德·育人"作为德育体系构建的核心，结合学生身心发展的特点和规律，遵循"知、情、意、行"的基本方法，构建了 3 个学段的递进式德育目标。在这个过程中，“知、情、意、行”相互联系、相互促进、相互转化，形成一个逐步上升和整合的循环过程。具体而言，一、二年级阶段注重养成教育，帮助学生初步形成正确的道德意识和良好的行为习惯；三、四年级阶段深化感悟教育，帮助学生构建基本的道德情感；而到了五、六年级，则重点关注学生的思维教育，引导他们践行良好的道德行为。

表 2–1　各月德育主题活动

活动时间	具体内容
9 月 开学准备	1. 举办开学典礼并欢迎一年级新生入学，确保学生观看《开学第一课》； 2. 策划庆祝教师节和中秋节的相关活动； 3. 开展班级文化建设评比活动，重点是教室布置； 4. 强化养成教育，致力于培养学生良好的行为习惯； 5. 各班级需设立班级值日监督员，并建立检查、监督、评比表彰的机制，要求各班级组织学生认真学习《小学生守则》《小学生日常行为规范》，本学期继续以品德课和班级背诵《弟子规》为载体，遵循知行合一的原则，实现潜移默化的影响，形成常态，引导学生树立正确的人生观和价值观，根据各年级学生的生理和心理特点，设计并开展系列升旗仪式，每周一进行展示； 6. 规范和乐卡的评价与使用方法； 7. 推行“红领巾监督岗”活动，充分发挥学生的主体作用，对学生的卫生、礼仪、纪律等方面进行评比，每周选出“和乐班级”，每月评选“和乐之星”，逐步引导学生从“要我这样做”转变为“我要这样做”，使良好的行为习惯内化为学生的自觉行动
10 月 爱国爱党教育	1. 常规教育得到进一步落实； 2. 举办庆祝国庆系列活动； 3. 10 月底举办家长开放日活动； 4. 推行光盘行动、劳动教育和垃圾分类； 5. 在建队日（10 月 13 日）开展少先队主题教育活动

续表

活动时间	具体内容
11 月 爱家乡教育	1. 加强规范养成教育，以促进学生良好习惯的形成； 2. 举办红叶节系列活动，包括“赏”红叶——“红叶杯”摄影比赛，“描”红叶——“红叶杯”手工作品、叶画制作、绘画比赛、书法比赛，以及“品”红叶——和乐少年评选等一系列丰富多彩的活动； 3. 每月举办“和乐之星”“和乐班级”“和平争章”评选活动
12 月 习惯养成教育	1. 学校充分利用各种重要节日和节气，通过国旗下讲话对学生进行宣传教育，并开展主题鲜明的教育活动； 2. 加强规范养成教育，以促进学生良好习惯的形成； 3. 每月举办“和乐之星”“和乐班级”“和平争章”评选活动
次年 1 月 文明守纪教育	1. 各班级积极举办庆祝元旦、迎接新年的活动； 2. 加强规范养成教育，以促进学生良好习惯的形成； 3. 进行德育考核和班主任考核； 4. 部署德育少先队寒假计划，并举行结业式； 5. 在学期末举办“和乐之星”“和乐班级”“和平争章”评选活动
次年 2 月 开学准备	1. 进行开学典礼与开学第一课； 2. 进行防疫和卫生等相关工作； 3. 进行期末评选表彰及毕业班区级“三好学生”评选
次年 3 月 感恩生命教育	1. 举办学雷锋活动：参与图书馆志愿服务，举办“三八妇女节祝福”活动； 2. 进行毕业班市级“三好学生”评选； 3. 举办植树节活动：认领校园小树； 4. 举办班主任工作坊活动：（风华杯）展示交流，即全体班主任基本功培训； 5. 举办班级文化评比活动（第一期黑板报展示）； 6. 每月举办“和乐之星”“和乐班级”“和平争章”评选活动

续表

活动时间	具体内容
次年 4 月 绿色实践活动	1. 举办清明节活动和“网上祭英烈”活动； 2. 举办班主任工作坊活动：低年级班主任沙龙； 3. 进行校外综合实践活动； 4. 举办班级文化评比活动（第二期黑板报展示），截止日期为 4 月 29 日中午； 5. 每月举办“和乐之星”“和乐班级”“和平争章”评选活动
次年 5 月 爱国主义教育	1. 劳动节期间，举办“我是劳动小能手”教育实践活动； 2. 举办五四青年节活动：小小红色宣讲员展示； 3. 举办班主任工作坊活动：中年级班主任沙龙； 4. 举办班级文化评比活动（第三期黑板报展示）； 5. 每月举办“和乐之星”“和乐班级”“和平争章”评选活动
次年 6 月 感恩励志教育	1. 举办六一儿童节班级合唱庆祝活动——我将高唱队歌，向党致敬； 2. 策划端午节相关活动； 3. 举行一年级新生首批入队仪式； 4. 举办班主任工作坊活动：高年级班主任沙龙； 5. 举办班级文化评比活动（第四期黑板报展示），活动定于 6 月 24 日中午进行； 6. 每月举办“和乐之星”“和乐班级”“和平争章”评选活动
次年 7 月 优秀队员 培养	1. 举办六年级毕业典礼及社团成果展示； 2. 制订少先队暑期活动计划，举行结业仪式； 3. 学期末举办“和乐之星”“和乐班级”“和平争章”评选活动

在此基础上，学校针对从小学一年级到六年级的德育活动，依据各月的活动主线进行了深入梳理。结合思政教育、语文、道德与法治等学科内容，并参照各个时期的重要节日，设计了涵盖广泛主题的“大主题”活动。这些主题包括红色教育、安全教育、国防教育、心理健康教育、卫生教育、人文教育、科技教育、生态教育，以及人与自然、人与社会等互动主题。通过将德育活动与综合实践活动、各学科知识进行全方位的渗透与整合，实现了德

育教育的全面覆盖。

（二）积极推进“大思政课”建设

海淀区始终对大中小学思政课一体化建设工作给予高度重视。在本次思政一体化课题申报过程中，学校教师积极参与，最终成功立项 3 个课题，这些课题分别聚焦于传统文化、英语教育戏剧及体育特色课程。结合多年来的实践经验，学校构建了一个以思政课程为核心，融合了各类课程特色的思政教育体系。

语文学科：申报了课题“思政教育融入小学语文古诗教学的实践研究”。社会主义核心价值观是优秀传统文化在当代中国的集中体现。经典古诗文作为传统文化的精髓，其中许多内容都与社会主义核心价值观相辅相成。语文课程的“总目标与内容”明确要求学生在汲取民族文化智慧的同时，提高自身文化品位，完善健全的人格品质——通过学习经典古诗文，融入核心价值观的教育，可以达到潜移默化的教育效果。

古诗词中许多内容都与社会主义核心价值观紧密相连，如“夫君子之行，静以修身，俭以养德”的文明之举，“醉里吴音相媚好，白发谁家翁媪？”的和谐之美，“安能摧眉折腰事权贵，使我不得开心颜！”的自由之义，“大道之行也，天下为公”的平等之道，“公天下之身，公天下之物，其唯至人矣！”的公正之则，“夫水至平而邪者取法，镜至明而丑者无怒”的法治之尊，“人生自古谁无死？留取丹心照汗青”的爱国之志，“落红不是无情物，化作春泥更护花”的敬业之心，“人而无信，不知其可也”的诚信之规，“海内存知己，天涯若比邻”的友善之情——这些诗句和社会主义核心价值观相契合，相辅相成，浑然一体。在日常教学中，教师设计情感体验式的古诗文教学活动，可以提高学生的人文修养，使其获得更充沛的情感体验，营造“润物细无声”的古诗文学习氛围。

在教学的过程中，除了充分挖掘教材本身所蕴含的民族传统思想和美德的内涵以外，把课堂作为载体，把丰富多彩的教学内容与灵活多样的教学形式相结合，可以通过播放视频、创设情境、课本剧表演、举办故事会、制作手抄报等活动，丰富学生的想象，扩大学生的知识面等。

同时，在全校范围内开展古诗文诵读活动是我们一直在做的事情，也会继续开展下去。比如，一至二年级诵读《弟子规》，三至四年级诵读《论语》，五至六年级诵读宋词、毛主席诗词等（图 2–5）。在这个过程中，给学生更多积极、愉悦的体验；注重情感体验，培养学生的共情能力、审美能力；给学生创造展示的机会，充分调动学生的主观能动性，使其塑造积极健全的人格；注重校园古典文化的氛围，利用耳濡目染的环境“润物细无声”。

图 2–5　语文学科诵读展示

英语学科：申报课题“在思政一体化背景下探索中华优秀传统文化融入小学外语教学的有效途径研究”。本校外语教学以人教版英语义务教育教科书为核心内容，在特定节日中开展主题教学活动，丰富学生的学习体验。此外，学校还成立了多个外语社团，如英语合唱团、英语戏剧社、英语美食社和日语社，作为外语教学的补充。在这些社团中，学生们自发编排并表演了以中华传统文化为主题的戏剧“The Story of Nian”，并学习制作中式美食，用英语进行介绍。

例如，在教授足球相关课程时，我们会向学生介绍蹴鞠这一中国古代体育活动的历史，从战国时期的民间娱乐到汉代的军事训练，再到宋代的蹴鞠组织和艺人，以及清代的冰上蹴鞠。蹴鞠作为中国古代一项历史悠久、影响深远的体育活动，其历史的传承和演变为学生提供了丰富的学习素材。

在教授中秋节等传统节日时，我们同样会扩展相关知识，加深学生对中华传统节日的理解。书写是小学英语学习的重要组成部分，古人云："字如其人。"良好的书写不仅令人愉悦，还能提升个人修养和审美情趣。《义务教育英语课程标准（2022 年版）》强调书写教学的重要性，要求学生能够正确、端正、熟练地书写字母、单词和句子，注重大小写和标点符号的使用。英语书写是英语学习中的基础技能，教师们利用课后服务时间培养学生良好的书写习惯，纠正其不良书写习惯，提高学生的英语学科素养。对于书写有困难的学生，教师们提供一对一的耐心指导，如指出空格的正确使用方法，强调国家名称的首字母大写等，引导学生规范书写，培养优秀品质，为学好英语打下坚实基础。

每年国庆节和中秋节假日期间，学校都会为三至六年级学生举办年度主题英语书法大赛（图 2-6）。通过抄写活动，学生们不仅加深了对传统文化的理解，还提高了文化自信，为传播中国文化、发出中国声音奠定了坚实基础。

通过课堂教学和活动的开展，教师们能够在学习中树立文化自信，成为传播中国文化的引路人；同时，也能培养学生们的文化自信，使他们成为中华优秀传统文化、五千年文明的新时代传播者。从小培养学生们讲述中国故事、传播中国声音的能力，向世界展现一个真实、立体、全面的中国。

Heping English Handwriting Contest 2024

Name: Yang Xinyi Class: 7 Grade: 6

My Motherland

I love my motherland.

I love my motherland, China.

It is a beautiful country with a long history.

There are many great places

like the Great Wall and the Terracotta army.

The people are friendly and kind.

We have delicious food and colorful festivals.

I am so proud to be a Chinese.

I will study hard to make my motherland more beautiful.

I love my great motherland.

图 2–6 英语书法比赛学生作品

体育学科：申报课题“小学课后服务中体育活动与思政教育融合的实践探究”。在体育教学过程中，教师积极调动各种积极因素，使学生凝聚力量、激发活力，进一步巩固学生对社会主义核心价值体系的理解，培养其奋发向上的精神力量和团结和睦的精神纽带，为构建社会主义和谐社会提供精神动力支持。

学校提供多样化的课后体育服务课程，包括举办体育大课间集体活动、成立多个体育社团（如足球、武术、啦啦操、体能训练营和柔道等社团），并定期举办体育赛事（图 2–7）。实践证明，体育教学有助于学生树立正确的世界观、人生观和价值观，形成以爱国主义为核心的民族精神和以改革创新为核心的时代精神，培养学生的独立性、创造性及顽强拼搏的进取精神，同时能使学生塑造豁达开朗的性格。中学体育教学应以“育人”为出发点，将社会主义核心价值观融入体育教学之中。

学校将以此课题为起点，引导全体教师共同创新实践，发挥教育科研对学校教育改革发展的支撑、驱动和引领作用，努力构建科学、立体化的思政育人体系，落实立德树人的根本任务。

图 2–7 啦啦操比赛

【思政教育】案例

尹彧老师在《课程思政背景下中华优秀传统文化融入小学英语教学的实

践研究》一文中指出，将中华优秀传统文化巧妙地融入英语教学之中，不仅能够突破传统英语教材的局限，丰富教学内容，还能更有效地促进学生良好品质的培养。

王佳老师在《基于本土文化的小学课程思政创新性研究与实践——以“3+X大觉寺课程体系”为例》一文中提出，小学教师在语文、道德与法治等学科的教学中，应当巧妙地结合地方文化资源。以北京西山永定河文化带为例，深入挖掘其内在的思政元素，并通过多种途径将思政课程的理念全面融入教学。

李雪娇老师在《思政教育在小学语文教学中的渗透与实践探索》一文中指出，将思政教育自然地融入语文课程，是小学语文教学的关键任务之一，也是提升语文教学效果的重要手段。这种做法对于陶冶学生的心灵、促进其精神成长具有重要的意义。

五、构建“和乐”高效课程教学模式

随着教育改革的持续推进，打造高效、有趣且富有创造性的课程教学环境已成为教育工作者的共同目标。在这一背景下，“和乐”高效课程教学模式应运而生，它致力于营造一个和谐、愉悦的教学氛围，以激发学生的学习热情和潜能，进而提升教学的效率和品质。

（一）理念引领，阐释“和乐”内涵

“和乐”高效课程教学模式的核心在于“和”“乐”的融合。这里的“和”象征着和谐与协作，强调师生间的平等对话和共同探索；而“乐”则代表着愉悦和兴趣，注重学生在学习过程中的情感体验和内在动力的唤醒。这一教学理念要求教师在教学活动中，不仅关注学生的知识掌握情况，更要重视学生的情感需求和个性成长，努力营造一个开放、民主、充满活力的教学环境。

（二）实践与探索，打造“和乐”课堂

1. 教学内容的优化设计

教师应基于学生的实际状况和认知特点，对教学内容进行细致的规划和调整，确保内容既满足课程标准，又能激发学生的学习兴趣和探索欲望。同时，教师应注重知识的系统性和连贯性，帮助学生构建起完整的知识框架。

2. 教学方法和手段的创新

教师应摒弃传统的灌输式教学方法，积极探索并应用多种现代教学策略和工具，如情境教学、合作学习、项目式学习等。这些方法有助于提升学生的主体意识和参与感，增强他们的自主学习和创新实践能力。

3. 学生情感体验的关注

在教学过程中，教师应持续关注学生的情感体验，尊重他们的个性差异，并为他们提供充分的表达和交流机会。同时，教师应善于运用激励性的评价和反馈机制，帮助学生树立自信，享受成功带来的喜悦。

4. 和谐师生关系的营造

和谐的师生关系是构建“和乐”课堂的关键。教师应以平等、开放的态度对待学生，尊重他们的人格和权利；加强与学生的沟通和互动，了解他们的思想动态和学习需求；同时，注重培养学生的团队合作精神和人际交往能力。

（三）总结反思，持续提升“和乐”品质

在实践过程中，教师应持续对“和乐”高效课程教学进行总结和反思，及时发现并解决问题。同时，积极与其他教师交流分享经验，学习先进的教育理念和教学方法，关注教育改革的最新动态和发展趋势，以不断提升自身的专业素养和教育教学能力。只有这样，“和乐”高效课程教学才能持续完善和发展，为培养更多优秀人才贡献力量。

1. 推进“和乐”课程体系迭代

通过国家课程的校本化实施与校本课程的开发创新，我们打造了一个主题突出、特色鲜明、面向未来的学校课程体系——“和乐”课程体系，旨在培养“具有卓越品质，身心健康，能够适应未来社会生活的兰心玉质好少年”。该课程体系体现了五育融合，涵盖了以下 3 个维度的课程体系。

（1）基础型课程。学校严格遵循义务教育课程标准，全面开设国家课程，注重课堂教学的实效性，并通过课堂教学研讨等形式，充分发挥基础课程的效率，最大化地提升课堂教学的效度，使学生更加勤学、乐学、善学。

（2）拓展型课程。充分发挥学科教师的优势，利用其专长，学校逐步建立和完善了五大主要课程。这些课程包括体育与艺术特长课程、公民素养课程、实践创新课程、国际理解教育、学科拓展课程。同时，加强了对科技应用和民族传统文化精华的渗透，将学生感兴趣的内容融入拓展活动，让学生在愉悦的氛围中感受科技与传统的深远影响。

（3）探究型课程。

1）项目式学习。通过项目式学习（project based learning，PBL），将教学中的通识概念、共性问题、同步任务、整体单元、综合练习等融合成常态课程，如玉兰课程、红叶课程等。

以红叶课程为例，数学的融入主要体现在“叶的周长”这一主题中，学生需要对叶进行分类并研究自己最喜爱的一片叶。课前，学生搜集并分类了一些叶，分类标准多样，包括叶的大小、形状、颜色、边缘锯齿、叶片光滑度及气味等。学生运用视觉、触觉、嗅觉等多种感官进行研究，角度丰富，超出了教师的预期。随后，学生研究自己最喜爱的一片叶，尝试从多个角度进行观察、分析、记录。研究过程不仅涉及曲线长度的测量，还涉及不规则图形面积的测量。在研讨过程中，学生想到了使用“化曲为直”的方法来测量叶脉长度、叶宽和叶周长。在测量叶片大小时，学生提出将叶画在方格纸上，然后计算所占格数，不满一格的可以拼凑计算。通过这一系列观察、测量等，学生的度量意识得以建立，测量能力得到提升，他们对叶的认识也更加全面。

2）跨学科综合课程。基于学校发展和学生全面发展的需求，结合地区资源，从现有校本课程出发，通过整合协调，使课程向五育并举方向聚焦和转型升级，如设置“有趣的葫芦”“从田地到餐桌”“叶的旅行”等综合实践课程。

2021年底，在北京冬奥会来临之际，一场“中日少年迎冬奥，我们一起向未来”四校联动线上趣味互动会受到了广泛关注。体育、传统文化、书法等多学科融合课程让学生们眼前一亮，来自中国内蒙古、日本横滨的小学生

共同交流学习，为冬奥健儿加油，为北京“双奥之城”助力！海淀区教科院闫顺林主任也发来对本次活动的祝福：借助冬奥会的契机，通过运动项目相互了解各自国家和地区的文化、习俗，更推进学校文明建设，加强师生强身健体、拼搏进取、艰苦奋斗的思想认识。

3）“未来+”课程。通过驱动性实践任务，在过程中采用任务分析、问题解决、实践创造等认知策略，促进学生深入理解知识概念，实现跨越情境的知识迁移，在情境中创造新知识，进而提高解决问题的能力。这些课程包括人工智能课程、机器人编程课程、无人机课程等。同时，将信息科技融入学科教学，如利用交互式电子白板、体育运动手环、平板电脑开展语言类学科学习等。

2. 构建了“三三三三”高效课堂模式

在过去的近 3 年中，学校以常态课程为基础，从每一节高质量、高效率的课堂着手，将培养学生学科素养和健全人格作为课堂改革的核心目标和最终归宿。我们致力于探索在新课程标准指导下的高效课堂模式，并成功打造了“三度、三大、三动、三高”的“和乐”课程文化（图 2–8），确保新课标在课堂实践中得到贯彻和实施。

（1）“三度”指的是“预学”有维度，“共学”有深度，“延学”有广度。“三度”课堂强调以“学”为中心，关注学生的学习过程、深度和体验。通过学习单的辅助作用，学生能够实现“预学”有维度、“共学”有深度、“延学”有广度，从而达到高效课堂的目标。

（2）“三大”指的是大声说话、大胆发言、大段表述。在课堂教学中，学校一直推崇“课堂三大”，旨在使学生成为学习的主体，引导他们学会思考、勇于表达、建立自信。

（3）“三动”指的是任务驱动、问题导动、学生主动。这既是一种教学方法，也是衡量课堂效果是否高效的标准。“任务驱动”是目标，“问题导动”是策略，“学生主动”是核心，“三动”课堂鼓励学生运用问题解决策略，以实现学习目标。

（4）“三高”指的是参与度高、目标达成度高、快乐指数高。高参与度体现在学生在课堂上的行为表现，包括发言次数和内容，这些都是衡量课堂参与度的重要指标。积极的发言不仅展示了学生的思维深度和独立思考能力，也有助于教师更好地掌握学生的学习状况。

通过“三度”“三大”“三动”“三高”来评价课堂表现，让“和乐”评价贯穿学习过程，实现过程性评价；让“和乐”评价伴随成长，实现增值性评价；让“和乐”评价与游戏结合，实现综合性评价。

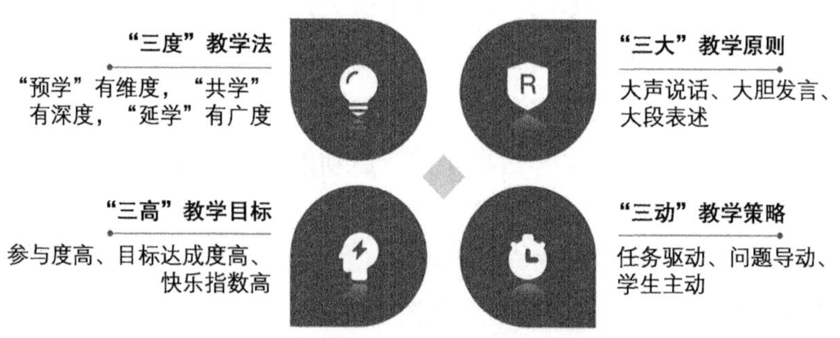

图 2-8　“三三三三”高效课堂模式

六、探索“三方五维”评价体系

遵循国家和区域的总体方针，学校开发了“‘和乐评价’综合评价报告册”，该报告册以学生为中心，以素养为焦点，构建了一个全面的评价模式。它依据品德发展、学业成就、身心健康、审美素养及劳动与社会实践 5 个维度，精心设计了立德、乐艺、健体、勤劳、善学五大板块（图 2-9）。

通过教师、学生、家长、社会的评价及量化性评价、表现性评价、过程性评价、结果性评价、集体性评价等多种方式，全面展示学生和班级的发展状况。“和乐评价”体系以和乐卡为核心，涵盖学校版、家庭版、社会版 3 个维度，跨越学科界限，采用德智体美劳 5 种颜色的和乐贴作为激励机制。该体系结合线上与线下手段，全面、深入地了解学生的学业和成长过程，从而推动学生的全面发展。

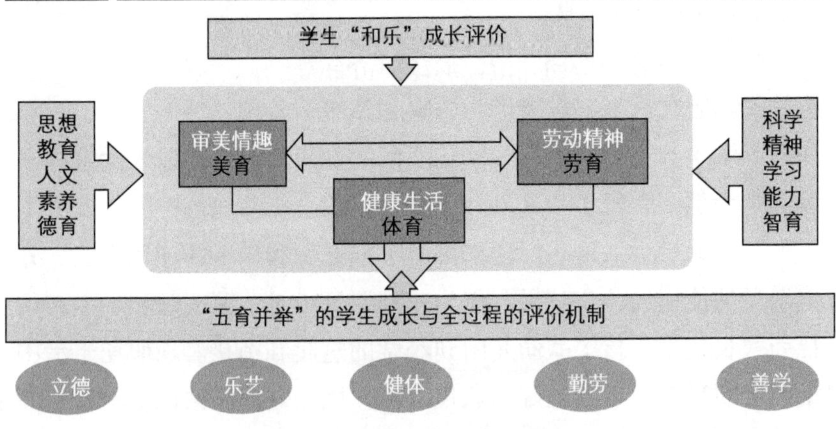

图 2-9　学生“和乐”成长评价

1. 学校版——通过校园文化墙彰显评价育人

在校园内显眼的位置，利用文化墙展示和乐卡，在以“绿色成长树”为主题的“和乐榜”上，每月表彰“和乐之星”和杰出的“和乐家庭”，并定期更新。学校少先队大队每周二实施和乐卡升级兑奖活动，向学生发放印有学校标志的学习用品，激励他们继续努力，争取早日升级到更高级别的卡。

2. 关注过程性评价，使用班级优化大师进行班级及作业管理

课后作业的布置和有效反馈是教师普遍面临的挑战。然而，班级优化大师的应用解决了这些教学难题，受到家长和学生的喜爱。该系统能够对学生的作业完成情况进行多元化评价，捕捉作业中的亮点，使学习效果一目了然；一键导出班级报表；智能评测学生作业，实现教师和家长的实时同步预览。教师可以利用该系统布置多种类型的作业，选择例题上传，学生可以下载并完成练习，拍照上传。系统还支持布置分组阶梯作业或根据题库布置相应年级的练习作业。

教师可以收集对学生的日常评价并将其同步到手机客户端，让家长清晰了解孩子在特定阶段的表现。除了每日的评价数据，每周还可以生成班级学

生一周表现的光荣榜。利用班级公告功能，将学生在各项活动中获胜的照片推送给家长。通过班级优化大师布置作业，不仅具有及时性、激励性、全面性和公正性，还为作业反馈评价提供了新的途径，为线上课堂管理和班级管理提供了创新的思路和工具。

3. 家庭版——家校协同评价，形成评价合力

通过家庭版和乐卡，学校作为桥梁和纽带，特别针对一、二、三年级学生，加强了学生与家长、教师与家长之间的沟通与对话。以入学未满半年的一年级学生为例，学校于 7 月举办了新生家长会，并向每位家长发放了家庭版和乐卡。在家长会上，我们详细讲解了家庭版和乐卡的使用方法，并分享了其他家长的使用经验和效果。作为一种评价工具，家庭版和乐卡在很大程度上帮助家长实现了孩子从幼儿园到小学的过渡和衔接。在假期生活中，学生根据评价项目努力做到最好，家长以身作则，与孩子共同参与。每周末的评价环节，学生会主动提醒家长贴上和乐贴，这已成为家庭成员共同参与的一项活动。家长给出中肯的评价，及时总结孩子本周的优势，发现不足并提出要求，这有助于家庭关系更加和谐。

开学后，班主任会回收家庭版和乐卡，并进行梳理总结，为表现优秀、进步显著的学生颁发“和乐家庭”奖状。同时，会发放新的家庭版和乐卡，鼓励家长和学生持续进行评价，并通过照片或视频在群内打卡。家长会期间，学校和班级会对家庭版和乐卡的使用情况进行总结和汇报，并建议家长根据孩子的表现，适时给予物质或精神上的奖励。计划在学期末进行第三次学生评价的总结提升，并为学生颁发奖状。通过寒假和新学期的持续评价，促进学生在学习习惯、生活习惯、家庭美德方面的不断进步。

4. 社会版——构建校社联系，促进评价体系持续发挥效力

学校特别针对四至六年级学生实施了社会版和乐评价体系，旨在使升级至最高级别即绿卡的学生能够获得参与北部文化中心图书馆社会实践活动的机会。图书馆的工作人员会对学生在志愿活动中的表现给予公正的评价，并记录在社会版和乐卡上。这一举措极大地激发了学生们克服挑战、积极进取的热情，有效地实现了学校版和乐卡与社会版和乐卡的无缝对接。

此外，学校与周边社会资源——西山大觉寺签订了共建协议。大觉寺的

讲解员负责对四、五年级学生进行有关大觉寺历史文化和植物知识的培训。通过考核的学生将有机会为实践课程的参与者及游客提供讲解服务（活动安排在周末，自愿参加，由学校统一组织）。2023 年 5 月，6 位四年级学生讲解员向来自内蒙古赤峰市红山区的 30 多位干部、教师介绍了大觉寺内的老藤寄柏、金镶玉竹、鼠李寄柏、千年银杏、太平花、“玉兰王”等标志性植物，他们的精彩讲解赢得了在场干部、教师的一致赞誉。

5. 依托班级优化大师实施过程性评价

我们关注过程性评价，使用班级优化大师进行班级及作业管理。课后作业的布置和有效反馈是众多教师共同面临的挑战，班级优化大师的应用有效解决了这些教学难题，受到了家长和学生的广泛欢迎。

功能一：计时器。为了培养学生的时间观念，教师常会布置“一分钟整理桌椅”“两分钟收拾书包”“十分钟完成清洁”等任务。但学生往往缺乏对时间的准确感知。计时器的引入让学生能够精确掌握时间，并在时间即将结束时发出警报声，帮助他们克服拖延的不良习惯。

功能二：噪声器。此功能特别适合低年级学生。午休时，孩子们往往难以安静下来，影响了休息质量。使用噪声器功能，确保了午休时的安静环境，从而改善了下午上课时学生的精神状态。自习课同样适用。

功能三：自定义评价。在班级优化大师中，教师可以自定义学生加减分的评价项目，如增加语数英科体音美等个性化点评项，使扣分原因更加明确。例如，相较于模糊的“未交作业”，细化的点评“未交数学口算”能让家长和班主任更清楚地了解学生的情况，提高沟通效率，降低沟通成本。通过班级优化大师，我们对学生作业完成情况进行多元化评价，捕捉作业中的亮点，使学习效果一目了然。结合五育，实现有针对性的评价，确保每个学生都得到肯定。

功能四：家校共育。邀请家长参与班级活动，共同关注学生的成长。每周末，家长和孩子可以一起分析班级优化大师的评分情况，并共同讨论改进措施。

功能五：班级报表。教师可以通过班级报表掌握学生的表现。开学初，除了实行积分兑换奖励活动，教师可以在每周总结时表彰和奖励得分前十名和进步前十名的学生，以此激励全体学生。此外，教师还可以通过班级报表了解学生在哪些方面扣分较多，以使后续的教学和教育工作更具针对性。

功能六：智能评语。结合学生在校表现，系统可生成智能评语。

功能七：作业布置。教师可以利用班级优化大师布置多种类型的作业，选择例题上传，学生可查看并下载教师布置的作业文档，完成练习后拍照上传。教师可通过班级优化大师布置形式多样的作业，如分小组布置阶梯作业，或者根据班级优化大师的内部题库布置相应年级的练习作业。

通过班级优化大师，我们不仅实现了评价的及时性、激励性、全面性和公正性，还为作业反馈评价提供了强大的支持。同时，它为线上课堂管理和班级管理提供了新的思路和工具。

七、构建“四段式”课后服务体系

课后服务是实现学校育人目标的关键途径。课内教育构成了学校教育的基础供给，而课后服务则提供了延时教育，两者在学校全程育人过程中扮演着同等重要、不可分割的角色，共同构成了一个完整、协调、统一的教育链条。课后服务还拓展了学校教育的综合服务功能，旨在进一步提升教育服务的质量，增强学生的满足感和幸福感，是一项关乎民生的工程，同时也是学校教育主体性回归与强化的体现。

学校将课后服务视为五育并举战略的关键实施手段，将其融入整体课程体系之中。基于学生和家长的实际需求，学校通过“四段式”课后服务模式（图 2–10），确保课后教育供给的实效性：阳光体育时段——在上午和下午两个大课间，学生参与户外活动；学科辅导时段——教师帮助学生在校内完成作业，并提供有针对性的辅导服务，查缺补漏；兴趣拓展时段——学生通过兴趣小组和自选活动的方式，参与多样化的社团活动，拓宽个人成长的路径；温馨托管时段——根据学生和家长的具体需求，安排静心阅读、同伴互动、师生交流等环节。

01	02	03	04
阳光体育时段	**学科辅导时段**	**兴趣拓展时段**	**温馨托管时段**
提供多样化的体育活动，使学生增强体质，培养其团队协作能力	有针对性地解决学生学科难题，巩固所学，提升学习效率	开展兴趣小组活动，激发学生的创造力，拓宽其知识视野	为学生提供安静的学习环境，确保其完成作业，使家长放心

图 2-10 “四段式”课后服务模式

1. 精准的课业辅导

学校摒弃了传统的学科教研组管理体系，重新整合全校教师资源，将所有干部和教师分配至各个年级组，实施年级组制。每个年级组都有一名行政干部参与，与年级组长共同负责组织和管理课后服务。学校精心挑选了优秀的师资力量，形成了以党员教师、区级和校级骨干教师、教研组长、年级组长、一线任课教师为核心的教师团队，为学生提供课业辅导和一对一指导。为了实现精准帮扶，我们引入了平板电脑 AI 识别系统，对学生英语朗读能力进行“双师”检测，从而为教学改进提供精确的数据支持。

2. 多元化的“菜单”式拓展，助力学生发展特长

为了全面贯彻“双减”政策，坚持五育并举，促进学生的全面发展，学校基于“办学特色、教师特长、学生特点”，最大限度地优化教学资源。我们努力挖掘潜力，提升课后服务质量。以学生自主选择为出发点，综合家长和学生的期望，我们打造了高质量、特色化的“升级版”课后服务，既解决了家长接孩子难的问题，又推动了课后服务从“有”到“优”的转变。学校不断完善“3+*X*”课后托管服务体系，确保五育并举，满足学生的个性化发展需求。目前，学校为学生提供了包含五大类 40 余门课程的课后服务“菜单”，保证了学生的百分之百参与率，满足了所有学生的多元化需求，增强了课后服务的吸引力和实效性。针对体质监测，学校特别增加了体质提升课程，由体育组长统一训练和提供专业指导。

3. 特色课后服务，五育并举硕果累累

遵循五育并举的原则，落实新课标教学要求，践行“以学生为中心”的

教育理念，通过特色课程活动，培养学生广泛的兴趣爱好，提升学生的综合素养，助力学生全面健康成长。特别是行进管乐团，作为学校最有活力的社团之一，自 2013 年成立以来，秉承“人育乐、乐育人”的团队精神，致力于团员品质、气质、艺术素养和学习成绩的共同提升，不断努力和进步。在 10 多年的发展历程中，行进管乐团取得了丰硕的成果，显著提升了学校的知名度和影响力。

4. 构建平台，统筹资源实现共建共享

首先，学校激活了本地的优质资源，实现了精准对接。将“高校元素”引入中小学课后服务，建立了中小学与高校之间的常态化合作机制，共同打造课后服务实践共同体，如方海光教授实验室。其次，学校打破了校地资源的壁垒，汇聚了各类资源。在课后服务时间，开展“迷你研学课程”，让学生走进翠湖湿地。最后，学校得到了“大师资”的支持。学校坚持“开门办学”的理念，不孤立于外界，积极引进社会力量，扩充师资来源，邀请各领域的名家大师进校园。学校采用家长讲堂、名师讲堂、名生讲堂等多种形式，集合家长和社会资源，为学生提供开放式的学习方式。例如，利用温泉体育馆的柔道馆、西山滑雪场、大觉寺、海淀区图书馆（北馆）等场所，在课后服务时间定期开展科技讲座、普法宣传等活动。

5. 关注并关爱教师，确保他们的权益得到保障

教师是学校课后服务全面覆盖的关键力量。“双减”政策的深入实施虽然为学生减轻了学业负担，但同时也给教师带来了显著的工作压力。为了减轻教师的负担，学校必须在课后服务中细致地识别和满足教师的需求，通过建立制度化的激励和保障机制来维护教师的权益。一方面，学校应探索实施弹性工作制度，为教师提高工作灵活性，如可以规定每位教师每周有两次机会在 16：40 提前下班；另一方面，学校应进一步优化教师的绩效工资方案，确保补贴政策能够有效激励教师积极参与。此外，学校应减少集中开会的频率，确保每次会议时长不超过 40 分钟。同时，学校应设立教师工会活动室，提供咖啡和茶饮，帮助教师补充能量、缓解压力。工会还应组织各种活动，促进教师加强身体锻炼，传递温暖，从而维护教师的身心健康。

八、构建“雁阵式”教师团队培养模式

在过去的3年中，学校致力于培养具有高素质、专业化和创新精神的教师队伍。以师德建设为核心，以校本研修为关键，学校通过开展一系列教学改革和信息技术相结合的教师数字化素养、课程创新及学习方式创新的研修活动，有效促进了教师的专业成长（图2-11）。这些努力旨在增强教师的课程开发与执行能力，推动教师从传统的经验型向创新型转变。

- 教师人数
  - 建校初5人→2024年128人
- 区级骨干、学带教师人数
  - 建校初0人→2024年26人
- 在研课题数量
  - 2021年1个→2024年19个
- 区级以上论文获奖
  - 2021年5篇→2024年91篇

图2-11 学校的发展变化

（一）持续深化师德师风建设

学校通过多种形式的师德师风建设活动，树立师德典范，创新活动形式，进一步加强教师表彰，提升宣传的传播力、引导力和影响力。持续开展新时代“四有”好老师学习实践和宣传评选活动。在3年的时间里，共评选出“四有”好老师年度人物12名。大力宣传优秀教师的先进事迹，树立校园榜样，营造“学有榜样、赶有方向”的氛围，激励广大教职员工致力于教书育人、服务育人、管理育人。

为了推动习近平新时代中国特色社会主义思想主题教育的深入实施，强化思想引领，巩固教育基础，凝聚教师的工作合力，打造新时代高素质专业化教师队伍，学校每个学期都组织全体干部、教师学习师德规范相关文件，并由书记兼校长丁刚主持会议。2023 年 8 月底，学校邀请海淀区教科院副院长宋官雅为教师进行师德培训。2023 年 10 月，丁刚校长向全体教师通报了学校近阶段师德师风专项整治行动的工作成果，并结合学校工作实际与师德师风现状，向全体教师提出两点要求：一是进一步增强法纪意识，将规矩和纪律放在首位，严禁违规补课，规范网络言行，注意舆论导向，不信教、不传教，守牢意识形态阵地，将积极正面的思想传递给学生；二是进一步增强爱岗敬业的责任意识，牢记教师的本职工作是教书育人，要热爱教书、兢兢业业，拒绝“佛系”“躺平”“摆烂”，同时学校将常态化开展教师思想作风摸排工作。

贾丹老师作为师德先锋、优秀班主任代表，自工作第一年起就一直负责班主任工作。她以从严治班为工作理念，所带班级纪律严明，学风浓厚，孩子们充满活力。她对学生的关心和爱护细致入微，以真挚的感情关爱每一个学生，全心全意、满腔热情地为学生服务。作为学生的学习方法指导者，她从课堂到课后、从上课到作业，都对学生进行了详尽的指导；3 年来，她坚持为一年级新生、六年级毕业生进行衔接教育培训，成为新生、毕业生的引路人，成为家长们的好伙伴；她也是学生的成长导师，培养了学生乐观、积极向上的生活态度。针对学生的不同情况和心理，她采取适当的教育方法。学生情绪低落时，她认真开导；学生遇到困难时，她帮助他们想办法；学生之间发生矛盾时，她又化身为调解员。她对所有学生一视同仁，充分尊重学生的个性发展。贾老师说：“担当最小的主任，享受最暖的幸福。作为一名教育工作者，作为一名班主任，我坚信‘热爱’是最好的方向，‘行动’是最好的桥梁，坚定笃行，教学相长。”

在长期的班主任生涯中，贾老师形成了自己独特的带班理念，并取得了优异的成绩。她所教的学生中，多人被北京一零一中温泉校区、二十中学、理工附中等名校录取。2021 年，她被评为海淀区新教育实验研究先进个人，所带班级荣获海淀区星星火炬奖、海淀区优秀班集体及海淀区 2021 年红领巾奖章三星章集体；2022 年，她被评为海淀区区级班主任带头人；2023 年 6 月，她被评为海淀区“四有”教师。

贾丹老师只是学校众多优秀班主任中的一个代表。班主任每天早上

7：30到岗，下午5：30下班，甚至很多教师加班到晚上8：00，从教室布置到作业面批，从与学生谈心到周末家访，都能看到班主任忙碌的身影。全体班主任以不灭的教育热情和为党育人、为国育才的教育情怀，引领学生快乐成长。

（二）加强优秀教研团队建设

为了打造一支敬业、爱生、乐学、创新的教师队伍，学校积极开展了优秀教研组、学习共同体、敬业奖等的创建活动。在这些活动中，充分发挥了学校中层、教研组长、党员教师、骨干教师、青年教师等的先锋模范作用，从而确立了团队的核心价值观。迄今为止，已有4个团队荣获区级优秀教研组称号，其中一个还被评为三八红旗手团队。

学校始终将教育质量放在首位，实行年级组、教研组、学科工作室三轨并行的管理模式。年级组负责横向管理，教研组负责纵向交流，而学科工作室则致力于优化教学设计。通过集结不同领域的骨干力量，学校落实了“两备两研”（个人初备，组内再备；课前研讨，课后反思）和“三统一”（教案、课件统一；课上习题统一；课后作业统一）的教研制度，以精细化的准备和研究促进教学，以备课推动学习。我们还优化了课堂教学环节，实施了“两标准，两落实”（统一的作业本标准、统一的作业量标准；落实作业全批全改、重点学生错题面改；落实学生当天的新课整理归纳，第二天课前进行检测）的作业管理制度，采用科学严谨的方法提升教学效率。

为了进一步增强团队意识，学校对评价机制进行了改革，实行协作组和备课组集体评定，强化协同合作，致力于打造一个“百花齐放”的优秀团队。

1. 针对问题，明确研究主题和焦点

在日常的教育教学活动中，教师可以识别出许多值得研究的问题。通过梳理这些在教学或教育实践中遇到的问题并进行分类，教师可以将它们归纳为具体的研究主题。一旦执教教师和参与听课的教师都对研究焦点有了清晰的认识，他们便可以开始进行课堂实践的观察。在课堂实践中，执教教师需持续关注研究焦点的实现情况，并根据需要动态调整教学方案；而听课教师则应围绕研究焦点的实现效果，全面观察执教教师的教学行为和学生的学习行为，并进行详尽记录。

2. 课堂观察中持续关注研究焦点

在确定了本节课的研究焦点后，教师在课堂观察过程中应有针对性地关注这些焦点，并进行反思与重建。有了明确的研究焦点，教师听课的针对性和效率将大幅提升，评课的焦点将更加集中，从而显著提高教研活动的效果。在此基础上，教师将根据研究主题和焦点选择相关的教学内容进行教材和学情分析，并基于学科的育人价值共同制定教学设计。之后，组内的教师（可以是同一位教师或多位教师）将进入课堂进行初步的实践和重建。重建后，教师将围绕研究焦点、内容和育人价值进行分析，并形成文字记录，以避免在未来的重建中重复出现类似问题。接着，将开展小组、大组、全校范围内的三级研讨。课后评议时，执教教师将围绕研究主题和焦点进行反思重建，而听课教师则将根据研究焦点的实现程度和育人价值进行评课。

第一次课堂重建：第一轮课堂实践的效果一般，具体表现为虽然涉及的知识点众多，但缺乏层次感，在师生互动过程中缺乏推进感。重建时，应聚焦于生活中的一个具体问题，如开瓶盖的方法。通过教师的有效引导，让学生持续处于思考状态，在交流和质疑的过程中培养思维能力。

第二次课堂重建：基于第一次重建的经验，专注于开瓶盖这一话题，发现学生兴趣浓厚，参与度广泛。然而，在学生交流开瓶方法的过程中，师生交流方式单一，耗时较长，拓展环节未能有效展开。因此，在重建开瓶方法环节，应重点研究方法知识点，并在开瓶过程中培养学生的质疑能力。拓展环节应侧重于如何运用知识解决实际生活中的问题。

根据研究效果，我们可以继续进行重建，不断完善教学实践。最终，进行学校跨域研讨。教师将围绕本节课的研究内容和焦点，从各自学科的角度进行交流，或者针对研究过程中的问题进行交流。活动结束后，科学教研组对研究过程中积累的良好经验、做法进行总结，形成较为成熟的研究成果，并整理研究过程中的资料，形成资源包。

3. 从专业学习共同体视角探讨教研组建设

将海淀区北部小学英语“读者剧场教师工作坊”作为个案，学校外语组从课程设计、实施效果及未来展望3个维度，对骨干教师工作坊建设进行了深入探究。通过这一过程，教师工作坊不仅实现了良性运行，还成为卓越的示范，承担起学习共同体和实践共同体的理论与实践功能。此举显著增强了成员的共同体意识和主动成长性，同时赋予教师更多权力，提升了他们的教科研能力，并促进了团队合作的形成。此外，自2022年10月起，学校外语交流中心（海淀区北部小学英语学科工作室）与“手拉手”共建学校——内蒙古敖汉旗新惠第九小学、河北赤城县田家窑中心小学的英语团队，共同开展了4次联动教研活动。活动的主题为“双微驱动教研，助力学思课堂”，专注于探讨如何通过读者剧场和教育戏剧来提升学生的英语学科素养，并促进教师的专业成长。

（三）构建“三阶十环螺旋递进”骨干教师培养模式

学校致力于培育和选拔一批具备专业技能和多方面才能、充满开拓精神与创造力的骨干教师和学科带头人。通过这些领军人物的引领，学校旨在激发和提升教师团队的整体素质，以实现教师之间的相互促进和共同进步，进而积极适应素质教育的需求。

目前，学校拥有区级和校级骨干教师共计52人，占专任教师总数的51.4%。为了进一步加强青年骨干教师的培养，促进他们的快速成长，学校依据教师培养的指导方针，确立了“教师与学校共发展，教师与学生共成长”的培养目标。遵循骨干教师成长的自然规律，学校采取了全面而多元的培养策略，旨在打造一支具备现代教育素质和创新意识的骨干教师队伍，为学校的教育和教学持续发展奠定坚实基础。为此，学校制订了骨干教师培养计划。

基于对教师成长规律的深入研究，并结合多年来的教师培养和培训实践经验，学校创新性地构建了“三阶十环螺旋递进”的骨干教师培养模式。经过3年的实践探索和行动研究，该模式已初见成效。

“三阶十环螺旋递进”模式是一种综合性的研修模式，它将骨干教师的培养过程划分为3个阶段和10个环节，简称“三阶十环”。这一模式并非简单的线性推进，而是采用螺旋式递进的方式。“三阶”分别是反思与规划、实践与提升、展示与示范。“十环”则包括集中理论学习、现场专题研讨、教育专著研读、名师工作室跟岗学习、网络研修、名校考察交流、校本行动研究、示范辐射、结业成果答辩及后续跟踪指导。每个阶段和培养环节都具有清晰的脉络和明确的主题，同时它们之间又相互衔接，形成螺旋式递进的关系。

1.“三阶”培训内容

“反思与规划”阶段：通过集中主题培训、学习共同体建设、课题申报研究和专业成长规划等培训活动，对每位学员的培养都建立在自身专业发展的基础上。这些活动旨在促进区级骨干教师培养对象在教学实践的基础上进行自我探索和教学反思，从而在反思中确定自己的方向和定位。导师与学员共同研讨，对每位学员进行专业发展分析，并制定个人专业成长规划。学员们根据自身实际情况，制订行动研究计划，完成课题申报并开展行动研究，以拓展教育视野、更新教学理念，并形成个人专业发展系统规划与教学改进方案。

“实践与提升”阶段：在第一阶段培养活动的基础上，重点启动以实践学习研修为主要内容的实践研修模块活动，特别是市区级拓展研修。这些活动旨在促进区级骨干教师培养对象对自身教学风格和教学思想的认识与凝练，以在实践中培育个性和形成风格。

“展示与示范”阶段：区级骨干教师培养对象提炼出自己的教学特点，并通过多种方式展示自己的风格和思想。他们不断提升和完善教学方法，最终形成具有鲜明特色的个性化教学风格和品牌。同时，创造条件让培养对象在各种平台上展示和传播自己的培训成果（图2-12）。

以英语学科骨干教师尹彧为例。2022年9月，尹老师加入了北京教育学院英语骨干教师工作室，每周四参与集中学习，同时，在海淀区“十四五”教育科学规划课题申报中成功立项，课题名称为“学习共同体视角下的小学英语‘读者剧场教师工作坊’建设研究”。尹老师在海淀区教师进修学校北部研修中心担任小学英语首席教师、兼职教研员。他在专家的引领下开展读者剧场相关研究，通过课题研究引领，推进课堂变革创新，在所授课的年级开展朗读素养提升教学实践，学生的一分钟英语朗读流畅度从 84 个单词提升到 102 个单词，班级期末监测成绩由良好提升至优秀。经过一个学期的学习和实践，尹老师于 2023 年 4 月走进北京学校进行教学成果展示。在义务教育教科书英语（一年级起点）三年级下册第四单元第四课时“Happy Families”中，依托人教版 Fun Time 板块，在教材文本基础上进行适当改编，形成小书 *Happy Families*。通过课件、表演等多种形式，体验动物家庭成员间的互动，学生们能够感受到与家人共同行动时的快乐。运用多种教育戏剧范式激发学生的创造力，让他们在情境中使用语言，感受家庭温暖。课后与指导教师共同完成论文《教育戏剧融入小学英语主题单元教学的实践探索》，并发表于《中小学课堂教学研究》（2023 年第 9 期，总第 86 期）；之后，尹老师受邀参与英语读者剧场的理论与实践讲座，形成了具有自己鲜明特色的个性化教学风格和品牌。

图 2-12　学生英文戏剧

2. 十环螺旋递进式培养体系

该体系涵盖集中理论学习、现场专题研讨、教育专著研读、名师工作室跟岗学习等 10 个关键环节。尤为突出的是教育专著研读，它贯穿整个培养过程。培养对象每年至少阅读 4 本教育相关著作，并且精读不少于 2 本；同时，每年至少撰写 2 篇读书笔记，并定期举办“读书与专业成长”专题报告活动。

3. 树立课堂标杆，展示教育教学先锋风采

百年大计，教育为本。教育大计，教师为本。课堂是教师成长的主阵地，也是践行初心的最前线。为了进一步发挥骨干教师的模范作用，树立课堂标杆，引领广大教师立足课堂，不断提升业务水平和教学能力，学校每个学期都开展“骨干教师”课堂展示活动。同时，推选优秀骨干教师参加各级各类教学展示活动，树立教师教育教学先锋模范。

李瑞玲老师，是学校外语教研组组长及国际理解教育负责人，近年来，她以满腔热情和敬业精神，关爱学生，对本职工作充满责任感。她带领英语组开展课题研究，在教育戏剧和传统文化融入英语教学方面取得了显著成绩。她用爱心培育每一个孩子，扎根农村教育一线 10 年，坚守初心使命，教育教学成果丰硕。即便新冠疫情期间家庭遭遇重大变故，她依然坚强地承担起家庭和教学的双重责任。2021 年 1 月，她被评为海淀区“空中课堂”资源开发优秀教师；2021 年 2 月，她的教师培训课程“基于教育戏剧的小学英语教师教学能力的提升”入选海淀区“十三五”教师培训课程共享资源库；2021 年 6 月，她主动承担“海淀空中课堂”研究课 2 节；2021 年 10 月，她获得北京市第五届“金太阳杯”小学生英语配音展演活动初赛最佳指导奖；2022 年 4 月，在中国英语阅读教育研究院“科普—故事”融合阅读教学模式研究课题组教学观摩培训会中进行示范课展示；2022 年 5 月，她承担了《丽声北极星分级绘本第一级上（剧场版）》中《吵闹的书包》绘本戏剧示范课的设计和实施；2022 年 9 月，她被评为 2022 年海淀区“四有”教师标兵；2022 年 9 月，她被评为第十三届“希望中国”双语文化艺术节·中华经典诗词中英双语诵读·中华故事双语讲述展评优秀指导教师；2022 年 9 月，她被评为第十三届“希望中国”青少年教育戏剧展评北京市英文戏剧一等奖《咕噜牛》、二等奖《不同天气　多彩乐趣》最佳指导教师；2022 年 11 月，她在中国英语阅读教育研究院“科普—故事”融合阅读教学模式研究课题中期总结会上代表课题组进行展示汇报；2023 年 1 月，她为山东省济宁市的英语教师开展了以“教育戏剧融入绘本阅读”为题的讲座；2023 年 1 月，她在新疆和田市伊里其乡肖尔巴格村小学讲授

了“传统节日”，并开展了题目为“如何申请课题”的讲座；2023 年 2 月，她荣获海淀区第十届“世纪杯”小学骨干教师教学基本功展示录像课、论文、教学案例一等奖；2023 年 2 月，她作为全国基础外语教育研究培训中心特邀教师，参加外研社“教育戏剧理论与实践”在线研修课程录制讲座 3 期；2023 年 5 月，她带领学生参加首届“五彩杯”教育戏剧展演活动并担任主持人（图 2－13），作品 *Gorgeous Geckos* 获教育戏剧教学设计一等奖，《“教师入戏”在小学英语课堂教学中的应用研究》获教育戏剧论文一等奖；2023 年 6 月，她为济宁市的英语教师开展了以“教育戏剧融入绘本阅读”为主题的讲座；2023 年 6 月，北京市海淀区教育科学“十四五”规划“思政教育一体化”专项课题“思政一体化背景下中国优秀传统文化融入小学外语教学有效途径研究”立项成功。

李老师致力于推广教育戏剧，她认为戏剧虽是一种艺术形式，但戏剧教育的核心并非仅仅教授孩子表演技巧。相反，它旨在将戏剧的元素和形式与教育相结合，激发孩子们思考问题，体验各种情感，理解不同的人物性格，并学会与他人沟通与合作，解决实际问题，从而实现全面的人格培养。

六年级 2 班的唐玥彤分享道：“参与英语戏剧课程对我来说是一种独特的乐趣。我相信它有助于提升我的个人素质，对我们而言是一种极佳的教育方式。英语作为一种语言，与我们的母语截然不同，即便是已经掌握的知识也容易遗忘。英语戏剧不仅提高了我们的课堂参与度，还让我们在享受乐趣的同时牢记知识。我们代表和平小学参加了英语戏剧表演，我感到非常荣幸。我衷心感谢李老师给予我这次登台的机会，我从未想过自己能够参与这样的表演。未来，我将更加专注于英语学习，并希望这样的戏剧课程能够更加普及。在这里，我要向所有老师表达深深的感激之情。”

将教育戏剧融入英语课堂，这一创新的教学方法点燃了学生的学习激情，释放了孩子们在学习中玩耍的天性，并丰富了语言学习的过程。展望未来，学校将继续在教育戏剧领域深耕细作，为更多的学生搭建实现梦想的舞台。

图 2-13　李瑞玲老师和学生参加首届“五彩杯”教育戏剧展演活动

（四）构建数字化教师专业成长平台

为了满足未来教师的个性化需求并推动其成长，学校致力于打造一个集培训、教研、教学于一体的数字化教师研修平台。该平台以互联网+云服务为技术支撑，旨在培养教师掌握现代信息技术的能力。在新冠疫情期间，学校在海淀北部地区率先实施了线上直播教学，实现了全体教师的在线教学参与。李瑞玲、尹彧、李宁、滕昱等老师积极承担了国家中小学智慧教育平台的课程建设任务，共录制了 7 节课程。同时，李瑞玲、滕昱、巩丽娟等老师也参与了海淀区“空中课堂”的课程录制，共计 9 节。目前，学校所有教师都能够熟练运用教学大屏技术，并能有效利用线上资源开发拓展应用功能，在创设教学情境、线上教学及评价等方面取得了显著成效。

（五）多维度加强青年教师队伍建设

在过去的 3 年中，学校通过公开招考共吸纳了 12 名青年教师（其中本科学历者 4 人，硕士研究生学历者 8 人，构成了新任教师的主体）。学校高度重视青年教师队伍的建设，采取了多种措施来搭建成长平台，不断优化成长路

径，并致力于构建一个高素质的青年教师培养体系。学校的目标是全力推动青年教师队伍的提档升级，为学校内涵式高质量发展提供坚实的人才支持和智力保障。

1. 夯实基本功，促进青年教师迅速成长

我们坚持"教育者先受教育"的原则，确保每次会议都成为学习的机会。通过集中学习与个人学习或学习研讨与交流心得相结合的方式，学校鼓励并引导青年教师持续学习，全面提升他们的理论知识素养。同时，学校坚持"培训者先受培训"的理念，根据每位青年教师的专业特长和研究方向，有针对性地安排他们参加各类培训班或集中交流活动，以提高他们的教学能力和业务水平，助力青年教师增强自身实力。

在2023年新学期，为了贯彻党的二十大精神，争做新时代"四有"好老师，传承和弘扬中华优秀传统文化，学校落实了《中华人民共和国国家通用语言文字法》《义务教育语文课程标准（2022年版）》《教育部关于在中小学加强写字教学的若干意见》《教育部关于中小学开展书法教育的意见》中关于教师基本功训练的要求。学校致力于锤炼教师的教育教学基本功，提升教师的专业能力，打造一支符合新课改要求的高素质专业化教育团队。自2023年10月起，学校积极开展扎实、有效、系统的教师基本功培训活动。通过书法培训，教师们将掌握钢笔字和粉笔字的基本写法，提高书写水平和基本功素养；通过朗读培训，教师们的朗诵水平和文学艺术素养将得到提升。学校的目标是培养一支底蕴深厚、观念创新的优秀教师队伍，营造一种和谐的人文校园氛围。

2. 构建导师培养体系

为了优化和拓宽青年教师的成长路径，学校构建了导师培养体系，实行以老带新的模式。学校特别制定了《青蓝工程——和平小学师徒结对方案》，并于每年9月举行隆重的师徒结对仪式。2021年9月，经过细致的观察、严格的考核和精心的筛选，学校认真挑选了3位杰出的骨干教师与3位青年教师进行师徒结对，共同组建了一支高素质的"师徒"团队。甄海波副校长在仪式上宣读了师徒分组名单，并对双方的责任进行了明确的阐释。随后，他详细解读了本学年"青蓝工程"的教师培养方案，明确了师徒各自的职责，并引经据典强调了教师只有怀有仁爱之心，才能真正走进学生的心灵深处。同时，他提出新教师应虚心向经验丰富的师傅学习，扎实掌握教学基本功，形成教学定力，稳固地立足于课堂。师傅们还向徒弟们赠送了精心挑选的教学专业书籍，这些书籍承载着学校的殷切期望，鼓励新教师多读书、勤思考、深入研究、不断积累，致力于专业成长，持续提升教学和科研能力。《青蓝工程——和平小学师徒结对方案》中对师傅的听课评课和徒弟的推门课都有明确的指导方针。

3. 为青年教师的成长铺设道路

学校积极创造条件，为青年教师的成长铺路，开展“世纪杯”青年教师校级展示活动。全体青年教师结合自己的日常学习和研究方向，走上讲台进行赛课，以此促进他们在实际教学中提升技能。学校推荐优秀教师参加学区级和市级的赛课活动，通过“以赛促学、以赛促教、以赛促进”的方式，不断提高青年教师的教学能力和水平。

青年教师余泳杉，2021 年 7 月毕业于首都师范大学舞蹈专业并获得硕士学位，同年 9 月加入学校的团队，现担任艺术组组长。余老师在短短 3 年内从一名普通教师成长为教研组长，她认为这得益于“多做事、常反思、虚心请教”。她坚信，勤奋可以弥补不足，勤奋可以培养品德，勤劳的小蜜蜂总是收获最丰。作为青年教师，她坦诚地说，必须勇于主动承担任务，积极向前，多做实事。例如，在集体备课中，她主动担任主备人的角色。她还经常向经验丰富的教师请教，并主动邀请他们进入课堂指导，在他们的指导下迅速成长，课堂驾驭能力得到显著提升。最后，她强调要以专家为引领，在进修学校和教科院专家的精准帮扶下，让自己的教学质量迅速提升。

在过去的 3 年中，余老师参与了多项活动并取得了优异成绩：2021 年，她指导的三年级即兴舞蹈《鱼儿水中游》荣获北京市第五届中小学新任教师“启航杯”教学风采展示一等奖（图 2－14）；2021 年，她与李利老师共同参与学区展示课，成功融合音乐与舞蹈学科，共同完成了海淀北部新区中小学“新常态新课程新发展”《飞飞曲》的交流与展示课，并获得好评；2022 年，她负责海淀区舞蹈区级研究课《鱼儿水中游》《边走边唱》，同样受到好评；2023 年，她带领团队中的陈颖、李利、贺芳老师共同完成的《舞动的童话》单元

作业设计，在北京市义务教育阶段优秀作业案例及作业设计征集与展示活动（2022—2023 学年）中荣获二等奖。

在余老师身上，我们见证了青年教师不仅需要具备埋头苦干、脚踏实地的精神，还应保持专注力和充足的干劲。他们必须拥有坚定的决心，以及不达目的誓不罢休、不实现目标绝不放手的冲劲。通过不断磨炼和提升，他们能够持续成长。

图 2–14 青年教师余泳杉授课

九、实践应用扁平化管理结构

学校积极推进以师生为中心的管理方式变革，设立了七大管理中心，它们分别是教学指导中心、学生成长中心、教师发展中心、学校发展中心、对外交流中心、体质健康中心及后勤服务中心（图 2–15）。

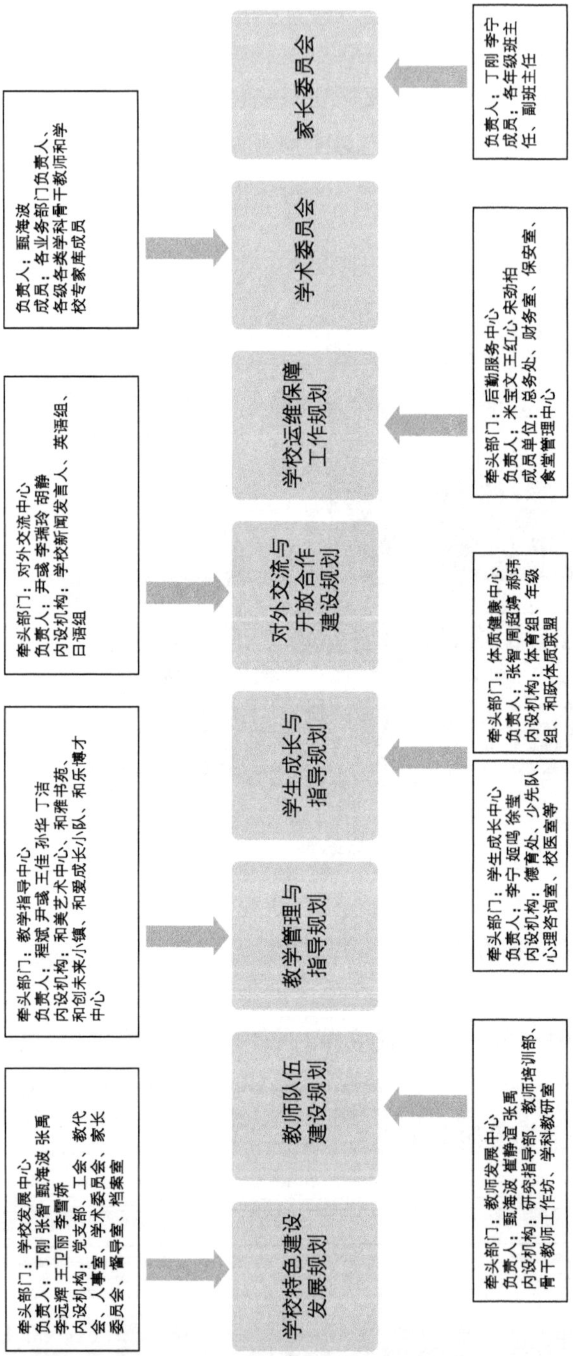

学校特色建设发展规划
牵头部门：学校发展中心
负责人：丁刚 张智 甄海波 张禹 李远辉 王卫丽 李雪娇
内设机构：党支部、工会、教代会、人事室、学术委员会、家长委员会、督导室、档案室

教师队伍建设规划
牵头部门：教师发展中心
负责人：甄海波 崔静谊 张禹
内设机构：研究指导部、教师培训部、骨干教师工作坊、学科教研室

教学管理与指导规划
牵头部门：教学指导中心
负责人：程斌 尹彧 王佳 孙华 丁洁
内设机构：和美艺术中心、和雅书苑、和创未来小镇、和爱成长小队、和乐博才中心

学生成长与指导规划
牵头部门：学生成长中心
负责人：李宁 姬鸣 徐莹
内设机构：德育处、少先队、心理咨询室、校医室等

牵头部门：体质健康中心
负责人：张智 周超婷 郝玮
内设机构：体育组、年级组、和跃体质联盟

对外交流与开放合作建设规划
牵头部门：对外交流中心
负责人：尹彧 李瑞玲 胡静
内设机构：学校新闻发言人、英语组、日语组

学校运维保障工作规划
牵头部门：后勤服务中心
负责人：米宝文 王红心 宋劲柏
成员单位：总务处、财务室、保安室、食堂管理中心

学术委员会
负责人：甄海波
成员：各业务部门负责人、各级各类学科骨干教师和学校专家库成员

家长委员会
负责人：丁刚 李宁
成员：各年级班主任、副班主任

图 2-15　学校管理体系架构

1. 教学指导中心

由原教学处和信息中心合并而成，承担教学管理、课程实施、教科研管理、云课堂应用、校本资源库管理等多项职责。主要负责和雅书苑，推进书香校园建设、师生阅读活动及古诗文诵读。同时，负责和美艺术中心、和创未来小镇、和乐博才中心等，专注于学生的美育培养、美育社团管理，组织美育学生参加竞赛；促进学生参与科技教育、劳动实践和科技竞赛等项目。重点发展葫芦、大觉寺文化体验、玉兰、武术和人工智能技术等特色课程，利用数字化手段革新教学方法。

2. 学生成长中心

由原德育处和少先队等部门合并而成，职责涵盖学生健康成长、日常养成教育评比、德育阵地建设；进行心理健康教育、学校卫生防疫工作；进行学生发展指导、个别生帮扶、家校沟通及家长学校建设；负责学生综合素质评价、部分社团管理等。主要负责实施“红十字”活动，推动学生志愿服务。重点推动学生和乐卡全过程评价系统建设与实施，制定和乐评价标准，指导各级进行“和乐之星”评选，落实奖励措施。表彰校级“和乐之星”与和乐家庭，树立校园榜样。指导班主任开展主题班队会，强化班级管理。

3. 教师发展中心

由原教师继教、教师考核、教师聘任、教师职评等部门合并而成，职责包括学科教研、教师研修、教师评价等。主要负责教师教科研培训、教师结对、青年教师培训。加强骨干教师队伍建设、教师评先、教师队伍整体建设，强化师风校风建设。全面管理教师继教、考核、聘任、职评等工作，对教师轮岗进行管理。

4. 学校发展中心

由党支部、工会、教代会、人事室、家长委员会等部门合并而成，职能涉及统筹学校发展、加强制度建设、依法治校、党建、数字校园、课程建设、教育督导等。主要负责统筹学校发展，制定并监督学校发展规划、预算、学期年度计划的实施，每年向教工汇报。加强制度建设与执行，依法治校，落实“三重一大”工作。推进党建工作，发挥党组织在学校领导中的作用，树立榜样，引领党员发挥先锋模范作用。负责宣传工作，确保正确的育人方向。指导课程实施，加强课程校本化建设。负责教育督导。负责工会工作，管理离退休教师。负责人事管理。建立家长委员会，开展相关工作。内设学术委员会，负责学校特色课程研发、教师业务评价及各项评审指导工作。

5. 对外交流中心

职责包括国际交流、“手拉手”学校建设、合作办学和对外宣传等。确保正确的舆论导向，加强舆论宣传阵地的管理，特别是校刊、微信公众号、学校网站的管理。加强“手拉手”共建单位建设，实施社区版和乐评价。负责对口支援学校工作，管理支教教师。

6. 体质健康中心

由原体育组合并而成，职责包括学生体育工作、体质监测、视力保护、预防肥胖、合理锻炼、大课堂等。主要负责和跃体质联盟，开展学生体质健康教育、体育竞赛、学生体育社团管理，保护学生视力，预防肥胖，维护学生睡眠质量。确保“两操一课”的质量，安排体育大课间活动，组织各年级的体质监测工作。

7. 后勤服务中心

由原总务处和后勤处合并而成，职责包括教务管理、财务、安保、资产、工程建设、校园文化建设等。主要负责保障教育教学物资供应与管理，管理学校财务，执行国有资产的采购、保管、使用与报废工作。负责学校安保、设备维修，管理学校预算的执行。负责学校工程建设、校园文化建设与物业管理，管理食堂及其他相关工作。

学校统领五大中心体系，分别是和美艺术中心、和雅书苑、和创未来小镇、和爱成长小队、和跃体质联盟。在五大中心体系下，学校开设了丰富多彩的社团活动，旨在培养学生的人文素养、科学素养、身心素养、艺术素养及劳动与综合素养（图 2–16）。

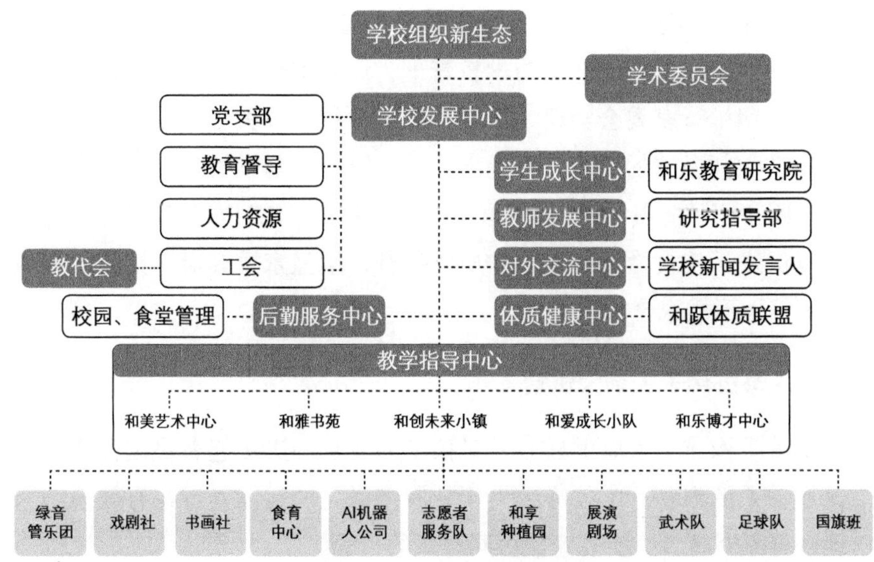

图 2-16　学校组织新生态

十、形成家校共育合力

在教育的任何阶段，优秀的家长无法取代优秀的教师，同样，优秀的教师也无法取代优秀的家长。只有当优秀的教师与优秀的家长携手合作，让“学校”“教师”“家长”“学生”这些词汇回归其本质含义时，和谐的教育才能因“合力”而产生。为了推动家校关系的和谐发展，学校采取了以下措施来实现家校共育。

（一）成立家长委员会

通过建立家长委员会（简称“家委会”），加强了家庭与学校之间的双向沟通，形成了一个全方位、全过程、全员参与的育人机制。这使得学校教育与家庭教育能够“同步”，教师教育与家长教育能够“同心”，让家长成为教育的同盟军，共同形成教育的合力。家委会赋予了家长参与学校管理的发言权。这是一个由爱心家长自发组织的平台，也是家长参与学校管理工作的关键途径。学校已经建立了班级、年级、学校三级家委会，并制定了《和平小学家委会章程》《家委会职责》等规章制度，明确了家委会的权利和职责。家委会代表全体家长的意愿，参与学校管理，反映家长的意见，维护学生的利益。学校定期举行家委会会议，让委员们听取校领导关于学校发展方向、工作理念及教学新思路的报告，并提出建议。家委会与学校后勤服务中心每学期都会组织“家长陪餐活动”，让家长亲身体验孩子的日常就餐情况，并参观食堂，以促进学校食堂管理服务品质的提升，增强家委会对学校育人环境的信心，更好地形成家校共育的合力。

（二）举办亲子关系大讲堂

亲子关系构成了家庭的核心，对孩子的成长和进步起着决定性作用，是维系家庭关系的根基。学校亦致力于开展多样化的活动，旨在有效推动家长科学地进行家庭教育，实现家校协同育人的目标。

每年 7 月中旬，学校会举办一年级新生家长会，向家长们介绍学校的教育理念、特色课程及未来的发展方向。2023 年 7 月，学校特别邀请了海淀区教科院的心理教育专家陈尧博士，为家长们带来了一场题为“提高陪伴质量，适应小学生活”的专题讲座。陈尧博士强调了家长在陪伴孩子时应关注时间、质量和方法的重要性，建议家长管理好自己的情绪，为孩子创造一个安全、充满归属感的家庭环境，并从多个维度指导家长如何做好入学准备。这次讲座让家长们深刻认识到良好亲子关系对孩子成长的重要性，学习了与孩子互动的技巧，并掌握了如何顺利进行幼小衔接，实现平稳过渡。

（三）构建“衔接桥梁”，铺设“教育之路”

2022 年 6 月，毕业季前夕，学校特别邀请了陈尧老师。讲座开始前一周，陈老师对学校进行了小初衔接的调研，并收集了家长们的一些疑问。在本次活动中，陈老师针对孩子成长的关键任务、家庭教育的核心要素、青春期孩子的特点及亲子沟通的原则和当前家庭教育中需要特别关注的问题进行了深入解答，引导家长们共同思考在小升初这一关键阶段，如何为孩子的成长积蓄能量，以及如何促进孩子健全人格的发展（图 2－17）。

图 2-17　海淀区教科院陈尧老师进行讲座

第三章

融合传统与未来教育的实践创新

经过多年的不懈努力，在海淀区教科院的科研支持和学校干部、教师的共同努力下，和平未来实验小学已经成长为地区内广受认可的口碑学校、特色学校和优质学校。

第一，学校建立了共同的价值体系。教科院与学校共同确立了“和合与共”的办学理念，并制定了3年发展规划。在此基础上，学校构建了融合“未来教育理念”的思想文化体系，明确了以科技与艺术为特色，致力于提高课堂教学质量，培养具有国际视野和实践创新精神的和乐少年的办学目标。

第二，学校面向未来构建了课程体系。教科院的研究人员与学校教师合作开发课程，共同研究教学方法。他们帮助学校成功打造了主题鲜明、特色突出、面向未来的课程体系，并在实践中不断优化和升级，形成了“和乐”课程体系。这一体系不仅关注学生对知识的掌握，还注重培养学生的能力和素养，为学生的未来发展打下坚实基础。同时，通过对国家课程的深入挖掘，学校创新并拓展了一些具有校本特色的项目课程。教科院的科研人员还进入课堂，开设了人文讲座、科学实践、研究性学习、编程教育、人工智能等综合课程。

第三，学校引进了优质教育资源。借助海淀区作为教育信息化实验区和智慧教育示范区的优势，教科院在学校建立了腾讯教育人工智能实验室，并将海淀教育资源平台上的优质资源引入课堂。学校探索了个性化学习、探究式学习和游戏化学习的有效方法，并利用学习分析技术对学生认知特征、优势潜能和最佳学习模式进行分析，实施多元化的评价。学校还致力于现代教育技术与教学的深度融合。

第四，学校扩大了社会影响力。学校完善了与社区、家长的沟通机制，充分调动社区成员和家长参与学校文化建设的积极性。学校不断扩展思想文

化的影响力和传播力，以确保与地区协同发展。

第五，科研助力教师发展。教科院对教师的教学研究能力、教学评价能力、学习环境创设能力、信息技术应用能力进行了全面培训。学校坚持科研、教研、培训三位一体的未来学校生态建设，不断完善教师培养机制，为教师的专业发展提供更多的展示平台和机会（图 3-1）。以课题研究小组为核心，实践和探索沉浸式教育模式。专家学者和研究人员深入学校，与教师共同组成研究共同体。他们围绕新课程对教师基本功的要求进行教学设计，应用信息技术，并开展青年教师的汇报课、骨干教师的示范课、优质课展示及教师教学设计和说课比赛，以此提升教师的教学水平和专业素养。

图 3-1　语文特级教师陈延军进行培训

一、办学条件显著改善

近年来，学校的办学条件经历了巨大的变革。2021 年，学校接管了重建的杨家庄校区，其中的主楼被命名为“和研楼”。新校区被启用后，这里变成了一个充满智慧的学习空间，学生在这里乐于学习，师生共同研究。该校区共设有 8 个专业教室，包括劳动教室、舞蹈教室、计算机教室及 AI 教室等。

到了 2023 年暑假，在海淀区教育委员会的大力支持和多方协调下，学校又借用了前楼（原幼儿园教学楼），并将其命名为“和慧楼”。这一举措旨在激发学生的潜在智慧，促进其全面发展。该楼共设有 7 个专业教室，包括美术教室、音乐教室和科技教室等。

此外，学校还积极创建了适应未来教育的学习空间，如建设了一个融合劳动、美术和传统文化知识的葫芦博物馆。通过实践，学生不仅能够学习如何运用知识，还能培养创造美的能力，并通过对民族图腾的学习，增强民族自豪感。学校还建设了腾讯“未来+教育”AI 教室，让学生了解人工智能算法、人脸识别技术，并学习数字技术的应用，包括编程、3D 打印和激光雕刻技术（图 3-2）。同时，学校还建设了劳动专业教室，教授木工、金工和种养殖技术。通过这些课程，学生不仅能够了解中国的金工传统技艺，还能结合机械实践，全面了解工业产品的制造过程，从而培养工程意识、动手能力、创新精神，并提升综合素质。通过学习金工，学生还能养成热爱劳动和将理论与实践相结合的工作作风。

图 3-2　教师开展人工智能教学实践

二、生源结构持续优化

海淀区教科院和平未来实验小学的生源结构持续优化，这一成就主要归功于学校综合实力的提升和教育品牌的形成。

一方面，学校通过强化内部管理、提升教育教学质量、优化课程设置等举措，不断增强自身的综合实力。这些努力显著提高了学校在家长和学生中的声誉，吸引了众多优秀学生报考。同时，学校积极与社区、企事业单位等建立合作，拓宽了招生渠道，为生源结构的优化提供了坚实的支持。

另一方面，学校在教育教学中始终贯彻以学生为中心的理念，关注学生的全面发展，并积极培养学生的创新精神和实践能力。这种教育理念的贯彻实施，不仅促进了学生在学校的全面发展，也进一步提升了学校的教育品牌知名度。优秀的教育品牌吸引了更多具有潜力和特长的学生，从而推动了生源结构的持续优化。

此外，学校还注重招生策略的调整和优化工作。通过制订科学的招生计划、合理设定招生门槛、加强招生宣传等措施，学校成功吸引了更多符合其教育理念和发展方向的学生。这些学生的加入，不仅为学校注入了新的活力和动力，也为学校的长远发展奠定了坚实的基础。

近 3 年来，学校从 36 个班、1100 名学生增长到现在的 41 个班、近 1500 名学生。随着温泉地区的高速发展，学校生源结构不断发生变化，主要由温泉镇本地居民和中国航空材料研究院 304 所、612 所、95801 部队、环保科技园的职工子女构成。新温泉人为地区发展注入了新鲜活力，家长和学生的整体素质也在不断提高。以 2021 年为例，52% 的毕业生被十一学校、二十中学、清华附中、上地实验学校、一零一中等优质中学录取，到了 2023 年，这一比例提升到了 68%，增长了 16 个百分点（图 3－3）。

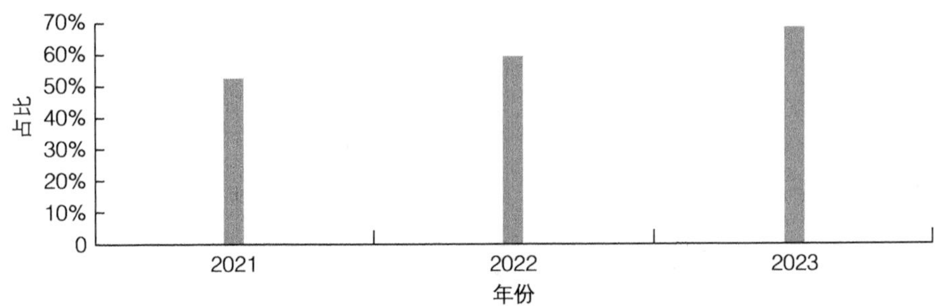

图 3-3 学校毕业生被优质中学录取比例

海淀区教科院和平未来实验小学的生源结构持续优化，是学校综合实力提升和教育品牌形成的显著标志。这种优化不仅为学校的教育教学提供了更优质的条件和更广阔的发展空间，也为培养更多优秀人才和推动社会进步做出了积极的贡献。

三、特色课程丰富多元

海淀区教科院和平未来实验小学的特色课程丰富多彩，旨在满足学生的个性化需求，培养他们的多元智能和综合素质。以下是一些具体的特色课程及其对学生发展的积极影响。

1. 语言类课程

除了常规的英语教学外，学校还增设了日语等小语种课程。这类课程不仅帮助学生掌握更多的语言技能，还培养了他们的跨文化交流能力，为未来的国际交往打下坚实基础。

2. 科技类课程

学校引入机器人编程、人工智能等前沿科技课程，激发学生的创新思维和科学精神。通过动手实践，学生能够更深入地理解科学原理，提升解决问题的能力（图 3-4 至图 3-6）。

3. 艺术类课程

音乐、舞蹈、美术等艺术类课程是学校的另一大特色。这些课程有助于培养学生的审美能力和创造力，让他们在艺术的熏陶中提升个人素养。

图 3-4　学生在 3D 打印课程中的应用实践

图 3-5　学生在虚拟现实（VR）课堂教学中的实践体验

图 3-6　学生在人工智能课堂上的教学实践

4. 体育类课程

学校不仅注重传统体育项目的教学，还引入了小学生太极拳等特色体育课程。这类课程旨在增强学生的身体素质，培养他们的团队协作精神和竞技能力。

5. 社会实践类课程

学校定期组织学生参与社区服务、环保活动等社会实践活动。这些活动让学生有机会接触社会、了解社会，培养他们的社会责任感和公民意识。

学校的特色课程由原来的20余门增加到现在的42门。根据学生的兴趣特点，增设诸如民乐、非遗制作、创意美术等艺术类课程，不断提升学生的艺术素养；增设陶艺、木工及葫芦工艺等实践活动类课程，提高了学生的动手能力；增设机器人、编程、激光雕刻等科技类课程，培养了学生的创新意识。

这些特色课程的设置充分体现了学校“以人为本”的教育理念，尊重学生的个性差异和兴趣爱好，为他们的全面发展提供了有力支持。同时，这些课程也有助于提升学校的整体教育水平和社会声誉，吸引更多优秀的学生和家长选择和平未来实验小学。

四、课堂研究持续深化

海淀区教科院和平未来实验小学在课堂研究领域不断深化，积极探索和创新教学方法，旨在提升课堂教学的质量和效果。

首先，学校强调将课堂教学与课程研究紧密结合。教师们积极投身于课程研究，深入掌握课程内容和教学目标，并将研究成果融入日常教学。这种研究驱动的教学模式有助于教师不断更新教学理念，提升教学技能，进而为学生提供更高质量的教育。

其次，学校推崇以学生为中心的教学理念，重视培养学生自主学习和合作探究的能力。在课堂教学中，教师运用情境创设、问题引导、小组合作等多种教学策略，激发学生的学习热情和积极性。同时，学校鼓励学生主动参与课堂互动和讨论，通过思考、交流和合作，不断提升他们的认知和综合

能力。

再次，学校注重对课堂教学的评价和反馈。学校通过定期的教学检查、学生评教、同行评议等手段，对课堂教学进行全面评估和分析。这些反馈信息帮助教师及时发现并改进教学中的问题，同时，学校也鼓励教师之间的相互学习和经验交流，共同提升教学水平。

最后，学校在课堂研究方面积极开展对外交流与合作。与国内外其他优秀学校和研究机构建立合作关系，共同开展课堂研究项目，分享经验与成果。这种开放合作模式有助于学校吸收先进的教学理念和实践经验，推动自身课堂研究的持续深化和发展。

课堂研究是一种教学实践研究。学校持续进行教学研究，如将 STEM 理念融入课题教学。2023 年 7 月，学校邀请北京教育学院 STEM 研究中心主任周莹进行培训，教师们分享了以“美术学科项目式学习任务驱动的形式感悟”“STEM 教育跨学科整合视角下的校本课程——定制手工皂”“STEM 项目式学习体验‘新’的收获”等为主题的研究成果。

STEM 教育理念与学校的“绿色教育”办学理念相辅相成、高度一致。两者都强调尊重学生的主体地位，关注学生的全面发展，致力于为每个孩子提供适性发展的平台，实现学生生命的绽放与成长。这要求我们以学生为中心，在活动前深入了解学情，设计适合学生的实践课程，在活动中放手让学生自由探索，在活动后引导学生进行总结反思，充分调动学生的积极性和主动性，促进学生成长（图 3–7）。

综上所述，海淀区教科院和平未来实验小学在课堂研究方面不断深化，通过课程研究、教学理念更新、教学方法创新、教学评价反馈及对外交流与合作等多种途径，不断提升课堂教学质量和效果，为学生的全面发展提供坚实保障。

<table>
<tr><td colspan="6">和平未来实验小学第十届红叶节“秋韵盈心　共绘成长”学科实践课程（杨家庄校区）</td></tr>
<tr><td colspan="2" rowspan="2">授课时间</td><td colspan="4">周三</td></tr>
<tr><td>授课内容</td><td>授课教师</td><td>授课班级</td><td>授课地点</td></tr>
<tr><td>第二节</td><td>9：15—9：55</td><td>红薯不平凡</td><td>徐宁</td><td>三（4）班</td><td rowspan="3">一层　劳动教室</td></tr>
<tr><td>第三节</td><td>10：30—11：10</td><td>探秘红薯</td><td>王晓东 / 滕昱</td><td>三（4）班</td></tr>
<tr><td>第四节</td><td>11：20—12：00</td><td>薯饼制作</td><td>贾丹</td><td>三（4）班</td></tr>
</table>

<table>
<tr><td colspan="6">和平未来实验小学第十届红叶节“秋韵盈心　共绘成长”学科实践课程（杨家庄校区）</td></tr>
<tr><td colspan="2" rowspan="2">授课时间</td><td colspan="4">周四</td></tr>
<tr><td>授课内容</td><td>授课教师</td><td>授课班级</td><td>授课地点</td></tr>
<tr><td>第一节</td><td>8：20—9：00</td><td>禾下乘凉梦</td><td>周庠宇</td><td>六（4）班</td><td rowspan="3">一层　劳动教室</td></tr>
<tr><td>第二节</td><td>9：15—9：55</td><td>稻田面积的计算</td><td>魏春媚</td><td>六（2）班</td></tr>
<tr><td>第三节</td><td>10：30—11：10</td><td>制作米糕</td><td>张红峰</td><td>六（2）班</td></tr>
<tr><td>第四节</td><td>11：20—12：00</td><td>稻香</td><td>王一洋</td><td>六（5）班</td><td>前楼　二层　音乐教室</td></tr>
</table>

<table>
<tr><td colspan="6">和平未来实验小学第十届红叶节“秋韵盈心　共绘成长”学科实践课程（杨家庄校区）</td></tr>
<tr><td colspan="2" rowspan="2">授课时间</td><td colspan="4">周五</td></tr>
<tr><td>授课内容</td><td>授课教师</td><td>授课班级</td><td>授课地点</td></tr>
<tr><td>第一节</td><td>8：20—9：00</td><td>花生的科学</td><td>周雪亮</td><td>五（3）班</td><td rowspan="3">一层　劳动教室</td></tr>
<tr><td>第二节</td><td>9：15—9：55</td><td>制作花生酥</td><td>巩丽娟 / 李端玲</td><td>五（3）班</td></tr>
<tr><td>第三节</td><td>10：30—11：10</td><td>花生酥的制作过程</td><td>李天缘</td><td>五（3）班</td></tr>
<tr><td>第四节</td><td>11：20—12：00</td><td>小导游</td><td>彭彦艳</td><td>四（1）班</td><td>二层　四（1）班教室</td></tr>
</table>

图 3-7　学校红叶节综合实践课程

五、教育教学成就持续攀升

海淀区教科院和平未来实验小学在教育教学领域取得了卓越的成就，这些成就在近年持续攀升。以下是对学校教育教学成就持续攀升的具体阐释。

1. 学术成就稳步增长

学校重视学术教育，通过优化课程结构、改进教学策略、加强学业辅导等手段，实现了学生学术成就的稳步增长。在各种级别的学术竞赛和评估中，学生频频取得优异成绩，其整体学术水平在区域内占据领先地位。此外，学校还致力于培养学生的创新思维和实践技能，为他们未来的学术探索和职业生涯打下坚实的基础。

2. 德育成果显著

学校对德育工作给予了高度重视，通过举办形式多样的德育活动、增进师生间的互动交流及强化家庭与学校的协作，培养学生优良的道德品质和社会责任感。通过这些活动，学生形成了懂得感恩、尊重和合作等重要品质，并为其营造了一个充满正能量的校园环境。此外，学校还特别关注学生的心理健康，提供专业的心理咨询服务，以支持学生的全面健康成长。

3. 艺术教育成果丰硕

学校在艺术教育领域取得了显著的成就。无论是音乐、舞蹈还是美术，学校艺术团队在众多级别比赛中屡获殊荣，充分展示了学生们卓越的艺术才能。学校致力于培养学生的审美鉴赏力和创新精神，并为他们搭建了宽广的艺术表现舞台。此外，学校还积极推广艺术教育活动，让更多学生体验到艺术的独特魅力。

4. 体育教育成果显著

学校高度重视体育教育，通过强化体育设施、充实体育课程内容及举办形式多样的体育活动等策略，有效增强了学生的体质，提升了他们的运动技能。在各级体育竞赛中，学校体育队伍屡获佳绩，彰显了学生们的卓越竞技能力和出色的团队合作精神。此外，学校亦致力于激发学生的体育兴趣和培养其日常锻炼的习惯，为他们未来的健康生活奠定坚实基础。

5. 社会声誉持续攀升

得益于在教育教学领域的卓越成就和持续创新的教育理念，学校赢得了社会各界的广泛赞誉和认可。家长们对学校的教育质量和高水平服务给予了极高的评价，许多人纷纷表示愿意将孩子送来学校就读。这种良好的社会声誉为学校的进一步发展提供了坚实的支持。

在过去的 3 年中，师生们取得的成绩不断刷新校纪录。教师们的专业能力显著提升，共有 22 人荣获市区教委、海淀北部研修中心和温苏学区等上级单位颁发的课程研发、教学基本功、科研先进、优秀班主任、兼职教研员及承担研究课等方面的多项荣誉。此外，在第七届中国未来学校大会上，学校代表海淀实验区参与了元宇宙云走校展示环节；在第八届高质量课堂展示活动中，一节课程入围全国展示；在全国劳动教育与综合实践活动中，展示了“有趣的葫芦”一课。学生们通过不懈的努力和锻炼，也取得了丰硕的成果，在北京市和海淀区机器人、艺术节、武术健身操等赛事活动中，获个人一等奖 16 人次、二等奖 24 人次、三等奖 46 人次，集体银奖 6 次，实现了学校师生的快速共同成长。

海淀区教科院和平未来实验小学在教育教学方面取得了显著成就，并且这些成就仍在不断攀升。学校将继续坚持“以人为本”的教育理念，不断创新和发展，为学生的全面发展提供更加优质的教育服务。

六、科技教育深入推进

海淀区教科院和平未来实验小学在科技教育领域积极推进了一系列活动与实践，取得了显著成效。

首先，学校重视科技课程的规划与实施。学校将科技课程纳入整体课程体系，并确保每周有足够的课时用于科技教学。同时，学校鼓励教师积极探寻科技教育的新方法和新途径，使科技课程更加生动有趣，从而激发学生的学习热情。

其次，学校积极组织科技实践活动。通过举办科技竞赛、科技制作、科技创新等活动，让学生在实践中感受科技的魅力，培养他们的创新思维和实际操作能力。这些活动不仅丰富了学生的课外生活，也增强了他们在科技领

域的成就感和自信心。

再次，学校注重科技教育资源的整合与应用。与科技公司、科研机构等建立了合作关系，共享科技教育资源，为学生提供了更多的学习机会和实践平台。同时，学校积极引进科技教育人才，加强科技教育师资队伍的建设，以提升科技教育的整体水平。

最后，学校重视科技教育的评估与反馈。定期对科技教育进行评估和总结，及时发现并解决问题。同时，学校积极与家长沟通，了解他们对科技教育的需求和期望，以便更好地调整科技教育策略和方向。

2022 年初，腾讯云团队在学校建立了国内首个“未来+教育”融合 AI 实验室，有效支持学校探索融合式、项目式学习，着力解决海淀区在人工智能教育软硬件资源方面的不足，打造学科融合的教学新特色。该实验室不仅配备了人工智能、编程学习所需的软硬件设施，还展示了多个集展示与教学于一体的 AI 展品。例如，通过围棋 AI 对弈，学生能够了解人工智能深度学习的能力；通过 AI 翻译君，学生能够将中文实时翻译成英、法、日、韩等多种语言。在这里，我们见证了“未来教育”的无限可能。

海淀区教科院和平未来实验小学在科技教育方面积极推进了一系列活动与实践，注重课程规划、实践活动、资源整合和评估反馈等方面的工作，为提升学生的科技素养和培养他们的创新精神提供了有力支持。这些举措不仅推动了学校科技教育的发展，也为学生的全面发展奠定了坚实基础。

七、校园环境的育人作用

校园环境在育人方面扮演着至关重要的角色。一个美丽、洁净、井然有序的校园环境能够对学生的行为习惯和道德品质产生潜移默化的影响，发挥着“润物细无声”的作用。

首先，校园环境的整洁与美化有助于培养学生的卫生习惯和环保意识。置身于干净、整洁的环境中，学生会自然而然地养成不乱扔垃圾、爱护公共设施等良好习惯。这些习惯将伴随他们一生，对于塑造健康的人格和品质具有积极的意义。

其次，校园环境中的文化元素能够激发学生的求知欲和创新精神。例如，校园内的雕塑、石刻、宣传栏等可以融入学校的教育理念、校训、校规等文化内容，使学生在欣赏这些艺术作品的同时，感受到学校的文化底蕴和精神追求。这种文化氛围的营造有助于激发学生的学习兴趣，培养他们的创新思维和探索精神。

再次，校园环境中的绿化植被和自然景观也有助于调节学生的身心状态，缓解学习压力。绿树成荫的道路、花香四溢的花坛、碧波荡漾的湖泊等自然景观能够为学生提供一个宁静、舒适的学习环境，有助于他们消除疲劳、放松心情，从而以更加饱满的精神状态投入学习。

最后，校园环境的整体设计也有助于培养学生的审美能力和艺术修养。通过精心设计的建筑布局、色彩搭配、景观设置等，可以营造出一个和谐、优雅、富有艺术气息的校园环境。学生在这样的环境中生活和学习，自然会受到美的熏陶和感染，审美能力和艺术素养得到提升。

学校的校园文化以“和·乐”为主题——“和”字强调包容差异，发展个性，在丰富多彩中达成和谐；“乐”字则指精神上的专注、投入与奉献，是一种身心和谐舒展的美的境界。在老校区，突出与四周山色的和谐，强调养成教育；在杨家庄校区，突出未来感，强调以学生为本，以师生发展为本。共同打造两个校区的清新和谐之美，融合创新之美。

1. 会“说话”的墙——传统与科技的创新交融

“和·乐”的学校文化元素巧妙地将中华优秀传统文化与学校的特色办学理念融合在一起，使得学校的文化墙、教室、长廊、操场等每一处空间都洋溢着古朴敦雅、和乐的育人氛围。学校校园文化建设分为三部分，包括四大长廊、8处学科角和28处班级文化墙。

（1）四大长廊彰显学校课程特色，它们分别是玉兰长廊·玉兰润心田、科技长廊·科技点亮生活、红叶长廊·叶放光彩、翰墨书香·弘扬文化自信。

（2）8处学科角展示了学生在五育并举理念下的基础课程学习成果，包括数学角、外语角、美术角、安全教育角等。

（3）班级文化墙涵盖了少先队、和乐榜、卫生角、班级特色文化建设。每个班级门口都配备了交互式电子班牌，它也是学校智慧校园建设的关键组

成部分。电子班牌不仅包含文字和图片，还有视频等多媒体内容，信息十分丰富。学校利用电子班牌向学生传递校园信息和通知，老师们通过这一平台展示学生在校的学习情况、各班的课程安排、校容班貌等，这些功能都可以通过教室门口的电子班牌“一触即达”。

2. 擅长“讲故事”的植物——人与植物的和谐共生

（1）在校园建设的初期，学校种植了银杏、海棠、苹果和枫树等数十种植物。每一株草木都充满了生命力，每一片叶子都承载着情感。校园内静默生长的植物不仅美化了环境，净化了空气，还陪伴着孩子们成长。为了进一步营造一个有利于教育的环境，并在无形中培养学生的爱绿护绿意识，学校发起了为校园树木挂名牌活动。

（2）“小小劳动种植园”项目以六年级学生为主导，开设了劳动种植体验课程。学生们亲身体验了种植的快乐，包括翻地、松土、播种、浇水和除草等环节。在忙碌中，师生们共同享受着付出与收获的喜悦。

（3）学校利用下沉广场，建立了“立体种植”基地，以检验学生们在科学课上学到的种植和养殖知识，并让他们了解现代农业技术。通过引入无土栽培技术，学校创新性地实施了小学生劳动教育。通过专家指导和项目打造，学校鼓励全校师生参与其中，将劳动教育理论与科学实践相结合，并将其融入师生的日常生活。这一做法打破了传统农业种植的界限，培养了学生的劳动思维转换能力和科学实践精神，教会学生“在观察中发现，在劳动中探究，在思考中成长”。

3. 会“发声”的亭子——我与朗读，“悦”读“悦”乐

在这个特别的亭子里，学生可以静心地与经典对话，与诗文为伴，尽情释放对朗读的全部热情，自由自在地表达心声、传递情感。学生还可以录制自己喜爱的作品，与好友分享，将这份快乐传递给周围的人。朗读亭为学生提供了一种全新的阅读体验，传递了有声的阅读文化，更有效地激发了学生的阅读兴趣。在灯光与音乐的映衬下，学生感受到了阅读的无限乐趣。它突破了传统数字阅读资源的局限，以少儿数字阅读资源为基础，为图书馆读者提供了丰富的阅读内容。在功能上实现了“阅读”“录制”“分享”“收听”四位一体，将阅读系统封装成一个具有家庭私密氛围的阅读环境，真正满足了

当代图书馆读者既能看又能读的心理需求，激发了学生使用朗读亭的欲望，成为书香校园的新亮点。

校园环境在塑造人才方面扮演着至关重要的角色。一个美丽、洁净、井然有序且洋溢着文化氛围的校园环境，为学生提供了一个理想的学习与生活场所，有助于培育他们的道德情操、创新意识、审美鉴赏力和艺术修养。因此，学校必须对校园环境的打造与维护给予高度关注，致力于为学生营造一个既适宜生活又利于学习的成长环境。

八、社会满意度持续增长

海淀区教科院和平未来实验小学的社会满意度持续增长，这主要归功于学校在教育、教学、管理服务等多方面的不断改进与创新。

首先，学校致力于提升教育教学质量，通过优化课程设置、强化师资队伍建设、完善教学评价体系等举措，不断提高学生的学术成就和综合素质。这使得学生在各类竞赛和考试中屡获佳绩，赢得了家长和社会的普遍赞誉。

其次，学校重视学生的全面发展，积极组织形式多样的课外活动和社团活动，为学生提供展示自我和锻炼能力的平台。这些活动不仅丰富了学生的课余生活，还培养了他们的团队合作精神、创新能力和社会责任感。

再次，学校还重视加强与家长的沟通与合作，定期举行家长会、家长学校等活动，及时向家长通报学生的学习状况和学校的教育教学动态，征求家长的意见和建议，共同推动学生的成长与发展。这种家校合作模式增强了家长对学校的信任和支持，提升了社会满意度。

最后，学校注重营造积极的校园文化氛围，加强校园安全管理和服务保障工作，为学生提供一个安全、舒适、温馨的学习环境。这使得学生和家长对学校的整体印象和评价更加积极正面。

随着家校关系的持续改善，学校的社会满意度从 2021 年的 86.36 分增长至 2023 年的 92.77 分。这清楚地表明，家长对学校的发展和日常管理越来越满意，学校成功地实现了“打造家门口的好学校”的愿景。此外，在

2022—2023 学年度，学校在海淀区义务教育绩效考核中获得了优秀评价。

综上所述，海淀区教科院和平未来实验小学在教育教学、管理服务等多方面的持续改进和创新，使得学校的社会满意度不断提升。这种提升不仅增强了学校的品牌影响力和竞争力，也为学校的可持续发展奠定了坚实的基础。

第四章

院校合作办学的实践创新

海淀区教科院和平未来实验小学在多年的办学实践中，积累了丰富的经验，并形成了其独特的办学理念与特色。

一是明确办学理念，引领学校发展。学校始终秉承“以人为本、全面发展”的办学理念，致力于培养学生的综合素质和创新能力。在这一理念的指导下，学校不断优化课程结构，强化师资队伍建设，并完善教学评估体系，确保为学生的全面发展提供坚实的支持。

二是加强师资队伍建设，提高教学质量。学校对师资队伍的建设给予高度重视，通过引进杰出人才、加强在职培训和开展校际交流等措施，不断提升教师的专业水平和教学技能。此外，学校还建立了全面的教师评价体系，以激励教师积极投入教学活动，进而提升教学质量。

三是注重德育教育，培养学生的良好品质。学校将德育教育放在重要位置，通过开展多样化的德育活动和实践，培养学生的良好品质和社会责任感。同时，学校也重视与家庭的合作，与家长携手关注学生的成长，共同营造积极的教育环境。

四是强化科研工作，推动学校创新发展。学校对科研工作给予高度关注，鼓励教师积极参与教育和教学的研究与实践。科研活动的推进使学校不断探索新的教学方法和手段，促进教育教学的创新。科研成果的积累也为学校的整体发展提供了坚实的支撑。

五是加强对外交流与合作，提升学校影响力。学校积极拓展对外交流与合作，与国内外的优秀学校和研究机构建立合作伙伴关系，共同进行教育研究和项目合作。这种开放的合作方式有助于学校吸收和借鉴先进的办学理念与实践经验，从而增强学校的整体实力，提升其影响力。

海淀区教科院和平未来实验小学在办学过程中积累的丰富经验，塑造了其独特的办学理念和特色。展望未来，学校将继续坚持这些宝贵经验，不断创新和进步，为学生的全面发展和促进社会的繁荣进步做出更大的贡献。

一、科研促进学校高质量发展

科研是推动学校高质量发展的关键力量，尤其对于海淀区教科院和平未来实验小学而言，这一点显得尤为重要。以下内容将从多个角度探讨科研如何助力学校实现高质量发展。

（一）提升教学质量

科研活动深入探究教育和教学的规律与方法，为教学提供科学的指导与支持。教师通过科研活动能够更深入地理解学生的学习需求和认知特性，进而设计出更贴合学生实际情况的教学方案。科研成果的及时应用不断优化和改进教学方法与手段，有助于提升教学效果和质量。

（二）促进学生全面发展

科研不仅关注学生的知识掌握情况，还重视学生的全面发展。通过科研，教师可以更深入地了解学生的兴趣、特长和潜能，为学生提供个性化的教育服务。同时，科研还关注学生的心理健康和人际交往等问题，为学生提供全面的支持与帮助。

（三）推动教师专业成长

科研是教师实现专业成长的关键途径之一。通过参与科研活动，教师能够拓展知识视野，提升专业素养和研究能力。科研成果的取得还能增强教师的自信心和成就感，激发他们的工作热情和创新精神。

（四）提升学校整体实力

科研活动同样能够提升学校的整体实力和社会声誉。通过取得一系列高水平的科研成果，学校能够展示其学术实力和教育质量，增强竞争力和影响力。此外，科研还能为学校吸引更多的外部资源和合作机会，推动学校整体发展。

教科研工作是学校内涵发展的基本战略，是学校高质量发展的催化剂。在“十四五”期间，学校多位骨干教师牵头、组织或参与了国家级、市级专项课题研究，在中国教育科学研究院实验区专项课题“‘和乐’理念下的未来学校路径研究”“基于新课标的人工智能课堂教学评价研究”，以及北京市数字教育研究课题“数字技术促进学校教育教学变革的实践研究”等项目中，阶段性成果得到了展示与分享。另外，“有趣的葫芦”项目入围第七届中国未来学校大会“轻课程”展示；李远辉、马振鹏老师在中国教育科学研究院教育综合改革实验区“劳动教育与综合实践活动”成果展示研讨会上分享了“‘智农’葫芦的制作”（图 4–1）；高金新老师在第八届高质量课堂展示活动中代表海淀实验区小学体育组，展示了“体前变向换手运球”一课，并荣获最佳创新课奖；李宁等 8 位老师在第十四届全国中小学创新课堂教学实践观摩活动中荣获“典型课例”奖和“研讨课例”奖；王佳等 3 位老师在中国教育技术协会与海淀区教育委员会等联合主办的“数字化转型助力教与学模式变革”成果研讨会上展示了融合课例，取得了显著效果（图 4–2）。

图 4–1　马振鹏老师在成果展示研讨会上进行分享

图 4-2　王佳老师在活动中的课堂展示

教科研工作对于海淀区教科院和平未来实验小学的高质量发展起着至关重要的推动作用。展望未来，学校应进一步强化教科研工作的力度，重视将教科研成果转化为实际应用，以此为学校持续发展提供更加坚实的支持与保障。

二、AI数字技术赋能教学改革

AI 数字技术赋能教学改革已成为教育领域的一个重要趋势。它借助数字技术的优势，对传统的教学模式进行改进和创新，旨在提升教学质量和效率，更有效地满足学生的学习需求。

首先，AI 数字技术使得教学资源的共享和优化配置成为可能，打破了时间和空间的限制，使学生能够随时随地获取所需的学习资源。这不仅丰富了教学内容，也提升了学生的学习兴趣和积极性。

其次，AI 数字技术为个性化教学开辟了道路。通过分析学生的学习数据和行为，教师能够更精确地掌握学生的学习状况和需求，进而制定更具针对性的教学方案。这种个性化的教学方法有助于激发学生的学习兴趣和潜能，提升学习效果。

再次，AI数字技术促进了师生之间的互动和交流。通过在线讨论、答疑等手段，学生能够及时向教师提出问题，教师也能及时了解学生的学习状况和反馈，从而及时调整教学策略和方法。这种互动式教学有助于营造积极向上的学习氛围，提高教学效果。

最后，AI数字技术为教学评价提供了科学依据。通过收集和分析学生的学习数据，教师能够对学生的学习状况进行全面、客观的评价，从而更好地指导学生的学习和发展。

学校尝试“以数为媒，科学分析”，帮助老师发现课堂“真”问题，让学习真正发生。例如，在张晶晶老师执教的《司马光》及亓雨萱老师执教的《月光曲》两节语文课上，COP团队专家引导老师们对教学过程中提出的问题、采用的提问策略及学生的回应进行记录与分析。这种利用聚焦式课堂观察方法整理出的行为数据，为教育决策干预和教学过程优化提供了重要依据，促进了教师更好地实现差异化教学和个性化指导，为构建高效课堂提供了数据支持和科学依据。

得益于未来学校的建设，学校将互联网技术和健康数据管理融入体育常态教学中。体育课的练习密度和生理负荷指数不仅是评价一堂体育课质量的关键指标，也是判断体育课是否能有效提升学生身体素质的重要依据。通过大数据分析，我们的体育锻炼变得更加科学化。体育老师马老师指出：“根据新课标，这堂体育课的目标是将学生的心率维持在140次/分至160次/分，这使得教师能够根据学生的实际情况调整教学方案。”运动手环的应用为体育课带来了信息化和数据化的变革，能够实时记录学生的运动状况，从而使体育教学更加科学和高效。

此外，学校正致力于深入探索信息技术与学科教学的融合，以优化教学方法，并采用平板电脑来提升课堂效率。凭借教育信息化的助力，我们促进了教师有效教学向学生高效学习的转变，进而推动了学生学业水平的高质量提升。在英语课堂上，教师利用平板电脑来推动课堂节奏，通过教师端与学生端的实时互动，教师不仅能掌握全班学生的整体答题情况，还能细致地关注到每位学生、每道题目的完成情况。哪里掌握得好，哪里需要加强，谁已经掌握了，谁还在努力，教师可以全面了解，从而实现精准教学。抢答功能

的引入激发了学生的学习热情，课堂氛围迅速变得活跃。在巩固练习环节，通过使用平板电脑进行课堂作业，教师能够直接且迅速地评估学生的学习效果，从而提高课堂效率。

大数据在教育领域发挥着至关重要的作用，它不仅能够显著提高教学效率，而且有助于实现个性化教学，成为教育现代化的必然方向。展望未来，信息技术不会取代教师的角色，然而，掌握信息技术的教师将逐渐取代那些不熟悉这些技术的同行。面对信息时代的挑战，每位教师都应积极适应时代发展，勇敢面对困难，努力成为掌握信息化技能的“现代教师”。

同时，我们也在日常教学中融入了 VR 技术。这种技术所具备的沉浸式、交互性和创造性等特点，对于优化和提升教育环境具有显著的影响力。将 VR 技术引入课堂教学，能够为学生打造一个包容性的学习环境，提升他们的体验感和主动探索的意愿，同时也能增强教师的教学成效。例如，在讲授《圆明园的毁灭》一课时，教师通过引导学生使用 VR 设备，可让他们如同亲身体验过一样，感受圆明园建筑的辉煌和文物的珍贵。这种身临其境般的体验不仅加深了学生对文中关键词句的理解，还激发了他们对圆明园悲剧性毁灭的深切惋惜。而在《迷人的张家界》一课中，教师利用 VR 设备带领学生领略张家界的壮丽山川。学生们通过多角度的观察和多样化的表达方式，不仅对课文的写作手法有了更深刻的认识，而且增强了探索自然的兴趣，并开始尝试将其运用到自己的表达中。

总之，信息技术赋能教学改革是教育领域的一次深刻变革。它不仅可以提高教学质量和效率，还可以更好地满足学生的学习需求，促进学生的全面发展。因此，学校应该积极探索信息技术在教学改革中的应用，不断创新教学模式和方法，为培养更多优秀人才做出更大的贡献。

三、五育融合以实现全面育人

五育融合，旨在实现全面育人，已成为教育领域中的一个核心理念和实践方向。五育包括德育、智育、体育、美育和劳动教育，这 5 个维度彼此关联、相互促进，共同构成了一个全面的教育体系。

德育作为五育之首，致力于培养学生的道德品质、价值观念和社会责任感。在五育融合的过程中，德育应贯穿于所有教育环节，与智育、体育、美育和劳动教育相互交融，共同推动学生的全面发展。

智育关注学生知识技能的学习和思维能力的提升。在五育融合的框架下，智育不仅重视学生的学科成绩，还强调提升学生的创新能力、批判性思维等综合素质。智育与其他四育的结合，旨在让学生在掌握知识技能的同时，也培养出良好的道德品质、审美素养和劳动习惯。

体育着重于学生的身心健康和运动技能的提升。在五育融合中，体育与其他四育相互协作，共同促进学生的身心健康发展。例如，在体育活动中融入德育元素，培养学生的团队精神和合作意识；在智育中强化学生的体育素养，提高学生的运动技能和表现能力。

美育专注于学生审美素养和艺术修养的提升。在五育融合中，美育与其他四育相互渗透，让学生在欣赏美、创造美的过程中，提高道德品质、丰富精神世界、增强文化自信。例如，在艺术教育中融入德育内容，引导学生树立正确的价值观念；在智育中强化学生的审美素养，提升学生的艺术鉴赏力和创造力。

劳动教育重视学生劳动习惯和实践能力的培养。在五育融合中，劳动教育与其他四育紧密结合，让学生在参与劳动的过程中，体验劳动的价值和意义，培养良好的劳动习惯和实践能力。同时，劳动教育也应与其他四育相互促进，共同推动学生的全面发展。

在教育实践中，学校不应将德育、智育、体育、美育和劳动教育割裂开来，而应促进五育之间的跨领域性、融合性和关联性。然而，在实际工作中，五育目标往往被过度分解，五育过程被零散分割，导致五育之间出现相互孤立的“孤岛”现象。

“有趣的葫芦”课程是学校独具特色的综合实践活动课程。其初衷是培养学生掌握一门手艺，以便他们将来能够在社会中自力更生。随着时代的演进，我们不断充实和完善课程体系，将德智体美劳五育理念融入其中。课程内容主要涵盖四部分：首先是葫芦的种植，其次是葫芦绘画，再次是葫芦丝的演奏，最后是学习撰写观察日记。该课程与科学、美术、音乐、语文等多

个学科相结合，不仅延伸和拓展了学科课程内容，还丰富了国家规定的课程体系，并促进了课程资源的开发。此外，它也是学生课外活动的一种延伸。课程的开发和实施始终强调学生在亲身参与的实践活动中体验、收获和感悟。通过有目的、有计划、有组织的多种活动项目和方式，学校利用所学知识，开展以学生为主体，以实践性、自主性和创造性为特点的多学科融合的实践活动课程。

学校成立了专门的课程开发领导小组。丁刚担任组长，李远辉为主要负责人，王红心、陈颖、周雪亮、冯彬、王志刚、马振鹏等成员共同参与，致力于综合实践活动课程的规划、管理和执行。该小组确立课程开发的方向，协调并解决开发过程中遇到的问题和挑战，并为课程开发提供必要的支持。

为了提升课程的科学性和实用性，我们邀请了多位专家对课程的理论基础、理念、设计思路、活动规划及实施方案进行指导，并对参与教师进行了专业培训。在专家的指导下，我们编写了《有趣的葫芦》这一综合实践校本教材，并根据社会发展的需求，不断对学校特色课程进行更新，以确保其符合新的教育理念。

实现五育融合及全面育人的目标，需要各方面的相互配合和共同努力。只有将德育、智育、体育、美育和劳动教育紧密结合起来，我们才能真正实现全面育人的目标，培养出德智体美劳全面发展的优秀人才。

四、资源整合的支持作用

在推动五育融合，即德育、智育、体育、美育和劳动教育的全面育人过程中，多方资源整合发挥着至关重要的作用。通过整合学校、家庭和社会等多方面的资源，可以为五育融合提供坚实的支持和保障，共同推动学生的全面发展。

学校作为教育的核心场所，应当发挥其主导作用。学校可以积极引入先进的教育理念和教学方法，加强师资队伍建设，提升教师的专业素养和教育教学能力。

课程的有效实施关键在于课堂。学校倡导“探索、合作”的学习模式，以问题为导向，引导学生发现并提出问题，围绕实际问题开展教学实践，通过学生分析和解决问题的过程，提升学习素养。

我们引入了 STEM 教育理念，并将其融入“玉兰节”“红叶节”等综合实践课程中。通过开展“走进大觉寺”“多彩鲜花皂”等多学科融合的项目式主题实践活动，我们不仅培养了学生的自主探究能力，还促进了他们的科学素养和综合实践能力的提升。在过去的 3 年里，李瑞玲老师带领外语教研组进行了“教育戏剧融入英语教学”的实践研究，并多次在市区级展示中亮相。在首届“五彩杯”教育戏剧展演活动中，戏剧与英语科普绘本结合的成果展示课“绚丽的壁虎”赢得了专家们的一致好评。将教育戏剧引入英语课堂，这一创新型教学方式不仅释放了孩子们在玩中学的天性，还丰富了他们的语言学习过程，实现了“全人教育”。

同时，学校应加强与家庭和社区的联系，深入了解学生的成长背景和需求，从而提供更加贴合实际、更具针对性的教育服务。家庭作为学生成长的关键场所，家长应主动参与孩子的教育过程，与学校携手关注孩子的成长与进步。通过与学校的沟通，家长能够掌握孩子在校的表现和学习状况，并积极支持学校的教育活动，共同促进孩子的全面发展。

此外，社会资源是实现五育融合、全面育人的关键支持力量。社会各界可以主动提供多样化的教育资源和平台，为学生创造更加多元化的学习和实践机会。例如，博物馆、图书馆和文化艺术中心等机构能够提供艺术、历史和文化方面的教育内容；企业和社会团体可以提供实习和志愿服务的机会，帮助学生更好地认识社会，培养社会责任感。

综上所述，多方资源整合对于实现五育融合、全面育人具有至关重要的作用。学校、家庭和社会各方应积极介入、紧密合作，共同为学生的全面发展提供坚实的支持和保障。通过整合各方资源，学校能够打破教育壁垒、优化教育环境、提升教育质量，为学生的未来发展打下坚实的基础。

五、跨区域交流共谋发展

习近平总书记强调，让贫困地区的孩子们接受良好教育，是扶贫开发的重要任务，也是阻断贫困代际传递的重要途径。

跨区域交流共谋发展是优化教育资源配置、推动教育创新发展的有效途径。通过不同地区、不同学校之间的交流与合作，可以实现优质教育资源的共享，借鉴先进的教育理念和教学经验，共同探索教育改革与发展的新路径。

首先，跨区域交流有助于突破地域限制，实现教育资源的共享。由于教育资源在不同地区分布不均衡，跨区域交流能够将优质教育资源引入资源相对匮乏的地区，从而提升当地的教育水平。同时，这种交流还能促进优质教育资源的流动和扩散，让更多学生受益。

其次，跨区域交流有助于借鉴先进的教育理念和教学经验。每个地区、每所学校都有其独特的教育特色和优势，通过交流，可以实现相互学习、优势互补。这不仅能够提升教师的专业素养和教育教学能力，还能推动教育教学的创新和发展。

最后，跨区域交流有助于共同探索教育改革与发展的新路径。面对新时代的教育挑战和需求，有关部门及工作人员必须不断创新教育理念、改革教学方法、优化教育结构。通过跨区域交流，可以汇聚各方智慧和力量，共同研究解决教育改革发展中的问题，推动教育事业持续向前发展。

学校深入贯彻教育部、市区有关教育援疆的相关文件精神，与新疆和田市伊里其乡肖尔巴格村小学建立了友好关系。为了促进两校之间的交流与发展，加强教师之间的互动与学习，推动两地教育资源共享与深度合作，由书记兼校长丁刚带队，与教学主任尹彧、教研组长李瑞玲及数学教师丁洁一行四人，前往新疆和田地区开展了“手拉手”结对共建联合教育教学活动。

2023 年 5 月，学校连续承办了第二批“红山区干部、教师进京跟岗”培训项目，为期一周；到了 10 月，鄂尔多斯的干部、教师们参与了以“人工智能”为主题的进京跟岗培训。这些培训活动全面贯彻了党的教育方针，以学校的办学特色为依托，深入挖掘和提炼了课程与育人的内涵。学校以“数字化背景下的学科课堂教学+校本拓展探究课程实施”为主要内容，以“强化数字化教学转型和跨学科综合实践活动”为核心，开展了丰富的教育教学交流与培训。

同年 10 月，48 位来自内蒙古鄂尔多斯的小学教师参加了由首都师范大学主办的“2023 全国中小学人工智能和信息科技教育创新学术论坛”。10 月 19 日上午，教师们莅临学校参观交流，围绕“信息技术与学科教学融合的路径与实现方法”这一主题，开展了进班听课、课程建设分享与研讨等系列活动。展望未来，我们计划通过拓展思路、创新形式、丰富内容，发挥优质学校的管理与教育资源优势，更好地帮助受援学校规范学校管理、提升教师素质，共同提高教育教学水平。

综上所述，跨区域的交流与合作是推动教育创新发展的关键途径。各地区、各学校之间应积极加强交流与合作，共享优质教育资源，借鉴先进的教育理念和教学经验，共同探索教育改革与发展的新路径，为培养更多优秀人才、推动社会进步做出更大的贡献。

第五章

融合传统与未来教育的挑战与展望

海淀区教科院和平未来实验小学的未来发展路径，预计将继续坚持并深化其“未来”教育理念。通过不懈的探索与实践，学校致力于为学生打造一个更优质、更具创新性的教育环境。

首先，学校有望在课程体系、课堂教学与学习模式、学生综合评价方法及学校管理机制等方面，持续进行改革与创新。例如，学校可能会进一步发展基于项目式学习的未来学习社区，创建更多样化、个性化的学习中心，以适应不同学生的学习需求。同时，学校也可能会采纳更多的尖端教育技术，如人工智能、虚拟现实等，以增强教学效果和学习体验。

其次，学校可能会继续强化特色课程的引入与开发。在语言教育领域，除了现有的日语课程，学校可能会增加更多的小语种课程，旨在培养学生的国际视野和跨文化交流能力。在人文素养方面，学校可能会引入更多种类的课程，如艺术、历史、哲学等，以提升学生的综合素质。在科技教育方面，学校可能会加强与科技企业的合作，引入更多的前沿科技课程，以培养学生的科技创新和实践技能。在体育领域，学校可能会引入更多种类的体育项目，以提高学生的身体素质和运动技能。

最后，学校可能会继续加强教师团队建设。通过组织教师参与教学方法革新、学习品质培养、戏剧教育等研究工作，不断提升教师的专业素养与能力。同时，学校也可能会积极邀请教育领域的专家到校开展培训活动，为教师提供持续的专业发展和学习机会。

综上所述，海淀区教科院和平未来实验小学的未来发展方向，预计将是打造一个充满创新、个性化和国际化特色的教育环境，为学生提供更优质、更全面的教育服务。同时，学校也有可能成为海淀区乃至更广泛区域教育改革和创新的重要平台和引领者。

一、构建充分激发潜能的育人生态

构建一个能够充分激发学生潜能的育人生态，一直是教育领域的不懈追求。这样的生态不仅能够最大限度地挖掘每位学生的潜力，还能促进他们全面发展，帮助他们实现个人价值。以下是构建这样一个育人生态的几个关键要素。

（一）个性化教育

每位学生都是独特的个体，拥有不同的兴趣、才能和学习偏好。因此，构建一个能够充分激发潜能的育人生态，首要任务是提供个性化的教育。这包括根据学生的特质和需求制订学习计划，提供多样化的学习资源和教学方法，以适应不同学生的学习风格和兴趣爱好。

（二）全面的课程体系

课程体系应当全面覆盖德育、智育、体育、美育和劳动教育，实现五育的有机融合。除了传统的学科知识，还应重视培养学生的创新精神、批判性思维、团队合作精神和社会责任感等综合素质。这样的课程体系能够为学生提供一个全面发展的平台，激发他们的多元潜能。

（三）支持性的学习环境

学习环境对学生的学习和发展有着深远的影响。构建一个能够充分激发潜能的育人生态，需要提供一个支持性的学习环境，包括优质的教学设施、丰富的学习资源及和谐的师生关系。这样的环境能让学生感到安全、舒适和受到尊重，从而更加积极地参与学习。

（四）创新的教学方法

传统的教学方法往往以教师为中心，侧重于知识的传授，而忽略了学生的主体性和主动性。构建一个能够充分激发潜能的育人生态，需要采用创新的教学方法，如项目式学习、探究式学习和合作学习等。这些方法能够激发学生的学习兴趣和主动性，培养他们的创新能力和解决问题的能力。

（五）多元的评价体系

评价体系是指导学生学习和发展的重要工具。构建一个能够充分激发潜能的育人生态，需要建立一个多元化的评价体系，注重过程性评价和表现性评价，关注学生的全面发展。这样的评价体系能够真实反映学生的学习状况和潜能发展，为他们提供有针对性的反馈和指导。

（六）家校社协同育人

家庭、学校和社会是学生成长的三大重要环境。构建一个能够充分激发潜能的育人生态，需要实现家校社协同育人，共同为学生的全面发展提供支持。这包括加强家校沟通与合作，整合社会资源，为学生提供实践和学习机会，形成教育合力。

以未来教育的基本理念为指导，尊重学生的个性，鼓励他们勇于创新，强化传统文化和科技教育，打破校内外、课内外、线上线下的资源壁垒，围绕小学生核心素养的培养目标，关注生活经验和成长需求，逐步建立一个相对完善的优质课程育人体系，全方位满足学生多元化发展的需求。倡导生活教育、实践教育，引导学生在生活实践中学习、成长和发展。遵循教育规律，尊重儿童成长规律，创设一个宽松而充实的学校生活，优化学校评价体系，最大限度地开发学生的潜能，倡导线上与线下教育的融合，为学生营造一个数字化、泛在化、智能化的学习环境，培养具有远大志向、自律自强、谦逊有礼、才华横溢的优秀学子，使他们拥有良好的品德和个性，身心健康、热爱劳动，具有审美情趣，快乐地学习和生活。

综上所述，构建一个能够充分激发潜能的育人生态，需要从个性化教育、全面的课程体系、支持性的学习环境、创新的教学方法、多元的评价体系和家校社协同育人等多个方面着手。这样的生态能够最大限度地挖掘每位学生的潜力，促进他们的全面发展，帮助他们实现个人价值。

二、追求面向未来的教师素养提升

追求面向未来的教师素养提升是教育改革和教师专业发展的核心任务之一。随着社会的快速进步和科技的不断革新，教育领域对教师的要求也在持续提升。为了适应这些变化，教师必须不断提升自身的专业素养，以便更好地迎接未来的教育挑战。

（一）进行持续学习与专业发展

教师应保持终身学习的态度，不断更新自己的知识体系和教育理念。通过参与专业培训、研讨会、学术交流等活动，教师可以掌握最新的教育理论和教学方法，从而提高自己的教育教学水平。此外，教师还应关注学科前沿动态，掌握最新的学科知识和技术，以便将这些成果有效地应用于教学实践中。

（二）提升信息技术应用能力

信息技术在教育领域的应用日益广泛，教师需要具备出色的信息技术应用能力。这包括熟练使用各种教学软件、在线教育平台等工具，能够利用信息技术进行课程设计、教学实施和学习评价。此外，教师还应具备一定的数据分析和处理能力，以便利用教育大数据来优化教学策略和提高教学效果。

（三）强化创新与实践能力

面对未来的教育挑战，教师需要具备创新意识和实践能力。创新是推动教育发展的重要动力，教师应勇于尝试新的教学方法和手段，探索适合学生的教学模式。同时，教师还应关注教育实践中的问题，通过实践研究来寻求解决方案，推动教育实践的改进和创新。

（四）培养跨学科整合能力

随着知识的不断融合和交叉，跨学科整合成为教育领域的重要趋势。教师需要具备跨学科整合能力，能够将不同学科的知识和方法进行整合，形成综合性的课程体系和教学方法。这不仅可以拓宽学生的知识视野，还可以培养学生的综合思维能力和创新能力。

（五）加强师德修养与人文关怀

师德是教师最重要的品质之一，也是教师职业发展的基石。教师需要加强师德修养，树立良好的教育观念和职业操守，为学生的全面发展提供有力的支持。同时，教师还应具备人文关怀精神，关注学生的身心健康和成长需求，为学生提供温暖、关爱和支持。

面向未来，教师必须具备高尚的思想品德，还必须承担多重角色，成为学习的高手，特别是精于借助信息技术和互联网进行数字化学习的终身学习者。学校应继续抓好教师培训，学高为师，行为世范。以培养精师为首，成立名师工作站，精选骨干教师，在专家的引领下，3 年内，培养各学科“领头雁”，帮助 3 ~ 5 名教师成为专家型教师。要抓住新老教师交替的关键期，做好传、帮、带工作，做好新教师培训工作。重点培育他们的创新精神，压担子与重培训相结合，抓基本功与跟岗提升相结合，使教师在坚守传统的同时能够具有创新的品质。

综上所述，追求面向未来的教师素养提升需要从多个方面入手，包括进行持续学习与专业发展、提升信息技术应用能力、强化创新与实践能力、培养跨学科整合能力及加强师德修养与人文关怀等。只有不断提升自身的专业素养和综合能力，教师才能更好地应对未来的教育挑战，为学生的全面发展做出更大的贡献。

三、构建家校社共育的精神家园

构建家校社共育的精神家园是当前教育改革的核心目标之一。它着重于家庭、学校和社会之间的紧密协作，共同为学生的健康成长和全面发展提供坚实支持。

首先，家庭作为孩子成长的首个场所，应承担起相应的教育责任。家长应关注孩子的情感需求、学业进步和社交发展，与孩子建立有效的沟通渠道，培养孩子的自信心和责任感。同时，家长也应积极参与学校的教育活动，与教师共同探讨孩子的成长问题，形成家校共育合力。

其次，学校作为教育的主战场，应为学生提供优质的教育资源和良好的学习环境。学校应加强与家长的沟通与合作，定期举办家长会、座谈会等活动，让家长了解学校的教育理念和教学情况。同时，学校还应注重培养学生的综合素质，关注学生的心理健康和人际交往能力，为学生的全面发展打下坚实基础。

最后，社会作为孩子成长的广阔舞台，也应为孩子提供丰富的实践机会，产生正面的影响。社会各界应加大对教育的关注和支持力度，为孩子提供多样化的学习资源和活动平台。同时，社会还应积极传播正能量，弘扬社会主义核心价值观，为孩子营造一个健康向上的社会环境。

在构建家校社共育的精神家园的过程中，各方应坚持以学生为中心的原则，尊重学生的个性差异和成长规律。各方应通过加强沟通与合作，共同为学生的健康成长和全面发展创造有利条件；同时，还应注重培养学生的创新精神和实践能力，引导他们积极参与社会实践活动，拓宽视野、增长见识。

教育，本质上是多方合力对学生成长产生的积极影响。目前，学校在管理中吸纳学生、家长、社区参与还处于起步阶段。学习空间相对封闭，场景的开放性有待进一步提升。应唤醒学生的主体意识，使他们不仅是参与者，也是设计者，更是教育活动的主体。教育活动更贴近学生需求，时效性才会更强。调动家庭、社会资源广泛参与学校教育活动，完善学校与社区、家长的沟通机制，充分发挥社区人士、家长参与学校文化建设的积极性和主动性，不断扩大学校思想文化体系的影响力和传播力。将学校文化建设纳入社区建设之中，确保学校与社区协同发展。和平未来实验小学未来将是一个开放空间、一个生态校园、一个创客小镇式的学校。

总之，构建家校社共育的精神家园是一项长期而艰巨的任务，需要家庭、学校和社会各界的共同努力。通过加强合作与交流，共同为学生的健康成长和全面发展营造一个充满关爱、理解和尊重的教育环境。

四、探索院校合作构建未来学校新模式

探索院校合作构建未来学校新模式已成为教育领域的关键议题。随着科技的迅猛发展和社会的持续进步，传统的教育模式已无法满足新时代的需求。因此，院校之间的合作成为推动教育创新、构建未来学校的关键途径。以下是一些关于探索院校合作构建未来学校新模式的实践案例。

（一）共享优质教育资源

院校之间通过合作，可以实现优质教育资源的共享，包括优秀的师资力量、先进的教学设施及丰富的课程资源。这种资源共享有助于突破地域限制，让更多学生享受到高质量的教育。同时，它还能促进教育公平，减少不同地区和学校之间的教育差异。

（二）创新人才培养模式

未来学校的目标是培养具有创新精神、实践能力和全球视野的新型人才。院校合作为创新人才培养模式提供了强有力的支持。通过共同研发新课程、设计新实验和开展新项目，可以打破传统学科界限，培养学生的跨学科思维和解决问题的能力。此外，引入企业、社区等外部资源，可以为学生提供更多的实践机会和职业发展指导。

（三）推动教育信息化发展

教育信息化是未来学校建设的关键趋势。院校合作可以促进教育信息化的发展，共同探索信息技术与教育教学的深度融合。通过建设在线教育平台、开发智能教学系统、应用大数据分析等技术手段，可以为学生提供更加

个性化和多样化的学习体验。同时，这些技术手段也能提高教师的教学效率和管理水平，从而全面提升教育质量。

（四）构建开放合作的教育生态

学校需要构建一个开放合作的教育生态，形成学校、家庭和社会之间的良性互动。院校合作可以推动这一生态的建设，通过加强校际合作、家校沟通、校企合作等方式，促进各方之间的深度交流和紧密合作。同时，引入国际教育资源，推动教育的国际化发展，培养学生的国际竞争力和全球视野。

充分发挥学校理念在引领学校发展中的作用，利用区教科院的优质教科研资源，深化和细化学校与区教科院之间的合作。加强先进教育理论和未来教育思想的学习与转化，通过院校携手、资源共享、技术赋能、共建共赢，致力于建设具有学习场景相互融通、学习方式灵活多元、学校组织弹性开放、教育技术先进前沿、教育评价多样灵活等未来教育特征的创新学校。学校应提炼有效的创新理念，总结院校合作的实施模式与改革策略，形成实践经验。

综上所述，探索院校合作构建未来学校新模式具有重要的现实意义和广阔的发展前景。通过共享优质教育资源、创新人才培养模式、推动教育信息化发展和构建开放合作的教育生态等途径，可以共同推动教育的创新发展，为培养新时代的人才做出更大的贡献。

随着最后一章的圆满结束，我们的探索之旅即将画上句号。在这段旅程中，我们共同探讨了教育的未来趋势，以及如何通过院校合作等创新模式，为未来学校的建设贡献智慧和力量。

教育，作为人类文明的基石，始终肩负着培养新时代人才、推动社会进步的重要使命。面对快速变化的技术革新和社会需求，传统教育模式已经难以应对这些挑战。因此，我们需要不断探索、勇于创新，为未来学校的发展开辟新的道路。

本书所探讨的院校合作构建未来学校新模式，正是这样一种有益的尝试。通过共享优质教育资源、创新人才培养模式、推动教育信息化发展及构建开放合作的教育生态等途径，可以打破地域限制、消除教育壁垒，让每一

位学生都能享受到公平而高质量的教育。

当然，未来的道路仍然漫长而充满挑战。我们需要汇聚更多的智慧和力量，共同推动教育的创新发展。我们期待与您携手前行，共同书写未来学校发展的美好篇章。

学校将紧紧抓住这次发展机遇，与集团各校携手并进，各展所长，在联合教研、师生交流、资源共享、课程建设等方面积极作为，推动学校发展再上新台阶。在区教科院的引领下，在高校、企业及友邻单位的支持下，海淀区教科院和平未来实验小学在集团化办学新模式中一定会奋发有为，不懈努力，在这条发展的新路径上，也必将一路芬芳，精彩绽放。

附　录

附录 A　院校合作办学实践探索中的案例

第一篇章　教科研赋能　和乐育成长

推进数字化教育　匠心打造未来学校

展望未来，我们可以预见到一个万物互联的世界，人工智能将全面融入人类的生产和生活。因此，当前的教育模式必须适应未来对人才的需求。教育的数字化转型势在必行，它将在教学、学习、考核、评价和管理等多个环节实现信息化应用。从数字校园到智慧校园的演进，要求课堂教学在场景创设、学习方式、教学手段和教育评价上全面践行数字化转型。我们必须从“学以致用”向“用以致学”的理念转变，致力于培养能够与人工智能共同成长的未来接班人。

教育的核心在于培养学生的综合素养。数字化教学实践是实现这一目标的有效途径之一，也是构建未来学校核心的关键。和平未来实验小学经过 3 年的教学实践，总结出以下路径：首先，要准确找到学生学习的起点，实现精准教学，确保“真实”的学习发生；其次，开展主题学习，通过“学以致用”来巩固知识，同时通过“以用促学”来激发学习兴趣；再次，改革评价方式，促进学生的身心健康发展；最后，构建未来学习空间，开展人工智能技术与教育教学深度融合的实验，加速智慧校园的建设。引导学生从小了解和掌握数字化工具和技能，利用丰富的线上资源，拓宽学生视野，从而培养他们的综合素养。

一、精准教学，实现“真”学习

我们坚信，数据驱动的精准教学展现出科学化、精准化、智能化和个性化四大核心特征。在这种模式下，教学结构演变为 5 个关键要素：教师、学生、媒介、内容和数据。数据作为一种新兴的生态要素融入教学系统，为整个系统的运行提供决策支持。利用数据，我们能够对每位学生的学习进行更精确的诊断，并在此基础上，对学生未来的学业表现做出更为准确的预测，从而使得个性化学习成为现实，并为学生提供更精准的指导。通过数据分析、特征发现、智能干预等一系列操作，我们能够实现学校教育的规模化、个性化和精准化。

精准教学理念的三大指导原则包括：首先是建构主义理论，即学生的知识是在他们已有的知识体系之上“生长”出来的，而非单纯通过教师的灌输；其次是学生中心，即学生是知识学习和立德树人的主体，而非被动接受教师传授知识的客体；最后是翻转课堂，基于前两点，先学后教、以学定教便成为自然而然的教学策略。

（一）精准掌握学情，确立学习起点

通过大数据分析，教师可在课前准确了解学生的学习情况。通过收集学生课前预习和课后作业的数据，生成可视化的学情报告。利用这些学情数据，智能推荐备课资源，有效解决“难以掌握学情”的问题，为教师的教学设计提供科学、精确的数据支持。采用立体化的课堂互动方式，实时掌握课堂学情。教学信息的流动由单向变为双向，帮助教师准确判断学情，关注每位学生，动态调整教学进度，实施分层教学策略，确保教学始终在学生的思维最近发展区进行，即在学生能够理解的范围内，讲授他们能够听懂的知识。

（二）构建“思辨文化”，深化自主探究式学习

在课堂教学中，以问题为纽带，促进学生发散思维和批判性思维的发展，而创新思维正是发散思维与聚合思维交替运用的过程。引导学生逐步摒弃被动、盲目接受的学习习惯和思维模式，持续保持好奇心，在探究过程中

主动获取和应用知识，从而发展思维能力和创新能力。从非预期事件中提取积极因素，将其转化为课堂教学资源，并不断探索以更好地应用于教学。

利用数字化工具，展示学生自主探究的过程。通过线上资源的获取，拓宽学生视野；通过线下交流互动，激发学生的思辨能力。

（三）关注个体，实现个性化精准学习

在课堂实践探索中，我们始终关注3个重点：首先，关注传统教学无法解决的痛点，即那些“非我不可”的理由；其次，关注教学中低效、无效甚至负效的部分，以提高教学效率；最后，关注学科特色，突出学科魅力。通过“翻转课堂”，为学生的个性化学习而教。在课前引导学生进行预习，在课中为学生提供自学提纲。教学前充分收集学生的问题，并针对这些问题组织教学。

针对学生不清楚自己的掌握情况而盲目重复练习，导致学习效率低下和成绩提升缓慢的问题，通过动态记录学习数据、实时分析和深度挖掘，定位学生的薄弱环节，为学生规划最佳学习路径，从而提高学习效率。通过对学生进行少量题目的测试，形成个人学情画像，根据学生对章节知识的掌握情况，向其推荐有针对性的视频学习和练习，减少无效练习。

二、开展研究性学习，激发学生的思维活力

新课标积极倡导自主、合作、探究的学习方式，旨在通过自主学习和主动探究，提高学生对问题的理解能力，丰富他们的文化素养，从而真正掌握学习的主动权。研究性学习是实现这一目标的有效途径。例如，学校长期开展的“有趣的葫芦”研究性学习课程，通过种植葫芦、装饰葫芦、吹奏葫芦丝等活动，培养了学生的实践能力和创新精神。在科学课上，孩子们在种植过程中体会生命的宝贵和劳动的意义；在美术课上，他们将平面绘画应用到立体葫芦上，通过动手操作提升了美术素养；在音乐课上，一个简单的葫芦经过加工，能够演奏出美妙的旋律。孩子们带着浓厚的兴趣学习葫芦丝的演奏，不仅学习了音乐技能，还了解了葫芦丝的悠久历史和丰富的民俗文化；

在语文课上，孩子们记录下在各种实践活动中的所见、所闻、所思、所感，从而提高了理解和表达能力。小小的葫芦衍生出丰富有趣的学科主题活动，极大地激发了学生的求知欲。

结合新课程改革提出的跨学科融合、实践活动与学科教学相结合的指导方针，学校通过全校性的玉兰节、红叶节等主题活动，引导学生将课堂转变为学习的场所，将教室延伸至社区和自然环境中，实现多学科教学的有机、生动、有趣的融合。这样的做法有助于学生在实践中学习，在学习中应用，在应用中深化理解，达到融会贯通的效果。

此外，学校还充分利用校内外资源，鼓励学生走进自然、亲近自然、认识自然、热爱自然。学校继续深化研学课程，带领学生参观各大博物馆，启动“博物课程”，搭建展示师生才华的平台。在高年级，学校还开设了旅游研修课程，发挥教师团队协作的力量，共同推动学校内涵式发展和学生品质提升。

三、改革评价体系，推动学生全面健康成长

改革评价体系，旨在培养学生良好的思想道德和行为习惯，促进学生的全面发展。我们坚持和而不同、有教无类、和乐而为的评价原则，推进家庭、学校、社区三位一体的评价体系改革，创建家庭版、学校版、社区版和谐评价模式。

在课堂教学中，反馈与评价是确保教育质量的关键环节，数字化工具确保了反馈的及时性，为教师进行精准评价提供了坚实基础。全面评价学生，不仅关注学习成果，还要及时关注学习过程，更多地评价学生的学习态度，重视思维品质的提升，以及学习习惯的培养。2013 年，学校推出了“和乐卡”评价体系。和乐卡按等级从低到高分为 7 种颜色，排列起来宛如一道彩虹，层层递进。学生通过积累卡片，记录进步，识别不足，明确努力方向。获得小校贴的方式多样，学生能够各展所长，各显其能，从而促进他们的个性发展。

通过线上大数据分析，全面了解学生在课堂学习中的表现，形成全方位的评价数据。据此指导教育管理，督促教师进行精准和全面的评价，确保德智体美劳五育并举。

四、构建未来学习空间，促进“真实”的学习发生

我们致力于开展人工智能技术与教育教学的深度融合实验，加速智慧校园的建设。作为基地校，我们积极参与北京市教育大数据协同创新项目的实践研究，为师生配备相应的数字设备，确保他们能够随时随地接入互联网，并提供数字图书馆、朗读亭等设施。

硬件设施的建设只是基础，关键在于其应用。我们将线上教育资源平台上的优质资源引入学校和课堂，利用互联网音视频资源推动教学改革。我们合理运用人工智能、虚拟现实技术、互联网、云计算、大数据等现代教育技术，探索个性化学习、探究性学习和游戏化学习的有效方法，构建场景式学习空间，激发学生的学习兴趣。

在营造未来学习空间的过程中，我们全面开放专业教室，将课堂学习生活化。我们致力于将学校打造成为“学习社区”，包括英语角、安全岛、劳动基地、美术角、葫芦博物馆、木工坊、和雅书苑等，建设双师融合教室、人工智能实验室。我们引入社会资源，与腾讯公司合作，建立了腾讯人工智能实验室，便于学生了解人工智能算法、人脸语音识别、3D 打印技术，学习无人机与人工智能编程，参加机器人大赛。这些活动促使学生在实践中思考，在竞赛中学习。

我们尝试中关村三小的师长制模式，生生互动，借鉴学习十一学校的模式，实行学生自主选课的走班制。我们将课堂“搬到”社区，将社会转变为学习的场所。我们建立了一批社会服务站，如海淀北部图书馆服务站、大觉寺导游服务站、稻香湖湿地服务站等。这些举措使学生加深了对社会的理解，学会了与人沟通，提升了综合素养。

未来充满未知，教育的使命是引导学生保持好奇心，激发求知欲，追求生活的品质，理解他人。我们鼓励学生勇敢自信地拥抱未来，迎接信息化革命带来的各种挑战，并坚信在我们的参与下，生活将会变得更加美好。

（执笔人：丁刚）

教科研助力学校发展的院校合作模式构建及实施

2020年10月，海淀区和平小学杨家庄校区正式更名为北京市海淀区教科院未来实验小学，成为海淀北部地区唯一冠以“未来”之名的实验学校。汲取历史经验，展望未来，未来实验小学在继承传统学校优势的同时，通过不断的探索与实践，迈出了海淀实验区未来学校发展的重要一步。

一、院校合作办学路径探究

随着社会和家长对优质教育需求的日益增长，改善办学条件、提升师资力量和教学质量已成为学校亟待解决的关键问题。院校领导及管理团队经过反复思考和充分论证，明确提出了以科研促进学校特色发展的战略方针——“以教育科研引领学校特色办学”。为此，学校决定利用新媒体和新技术来革新教学方法，通过建立“研究共同体”实现教学与科研的有机结合，提升教师的专业能力，构建高效的课堂环境，以培养和发展学生为目标。

经过一年的合作办学实践，学校在文化建设、特色课程开发、教师培训及院校合作的组织路径等方面进行了构建和实施。

（一）学校的办学理念

1. 构建学校文化思想体系

学校秉持开放包容的教育理念，在继承传统的基础上不断创新，形成了具有前瞻性教育理念的学校办学理念、目标、愿景、校训、校歌等思想文化体系。这一体系体现了历史的连续性、内在逻辑的一致性，以及清晰、准确、易于传诵的语言表达，彰显了学校文化的独特性。办学理念被融入学校建筑、教室内外、自然景观、园林设施、雕塑装饰等各个方面，将学校打造成为一座高雅的文化殿堂、一个优越的学习环境、一个促使学生成长的精神家园。

2. 广泛凝聚院校思想共识

通过组织干部和教师参与学校发展愿景与目标的大讨论，充分激发了干部和教师参与学校文化建设的积极性和主动性，形成了广泛认同并付诸实践的价值目标体系。同时，完善了学校与社区、家长之间的沟通机制，充分调动了社区成员和家长参与学校文化建设的积极性和主动性，不断增强了学校思想文化体系的影响力和传播力。确保学校文化建设与地区发展同步进行，实现学校与地区的共同繁荣。

（二）构建面向未来的课程体系

1. 深度整合学校课程体系

以未来为导向，立足于现实，通过深入挖掘、重组、创新和拓展国家课程，开发和衍生出具有本校特色的校本课程。国家课程的科学实施与校本课程的合理建设，共同构成了学校的课程框架体系。开设人文讲座、科学实践、研究性学习等综合课程，并建立和雅书苑、和创未来小镇、和美艺术中心、和跃体质联盟等，通过工作坊形式开展特长培养和学科竞赛等互动融合活动。

2. 创新探索课程实施方式

坚持夯实基础、彰显特色、创新发展的课程理念，构建学校基础课程、拓展课程和创新课程融合一体的课程体系。重视对现有课程的科学化、规范化、系列化建设。构建体现学校文化追求的特色课程，建立学科课程、俱乐部课程和社团兴趣小组 3 种课程形态，不断完善学校课程的科学实施体系。

（三）探索智能时代的课堂教学新生态

1. 改进课堂教学形态

准确把握新技术、新产品为教育带来的新机遇和挑战，改进教育教学方式，改变以讲授为主、以教师为中心的传统课堂形态，深入开展大单元教学、个性化学习、自适应学习、项目式学习等课堂教学创新。通过参与中国教科院未来实验室课题研究、与首都师范大学方海光教授团队合作等，建立人工智能实验室的混合学习和双师型课堂，有效重组课堂教学全过程，培养学生独立性思维、创造性思维，以及动手解决问题的能力。通过劳动教育、创客学习、基于问题的学习等，重构物理空间，增强创新思维能力、问题解决能力。通过移动学习、基于虚拟现实（VR）的学习等方式，利用虚拟空间进行学习，突破传统学习空间的限制。

2. 优化教学方式方法

推进教与学方式变革，探索实施启发式教学和研究性学习，坚持以学生为中心，采用多种教学方式，培养学生综合运用各学科知识的能力，培养自主学习和终身学习能力。注重因材施教，发展每一名学生的潜能，建立学习困难学生帮扶机制、特殊障碍学生融合教育机制、优秀学生个别辅导机制和特殊潜能学生发现培养机制，满足学生个性化发展需求，为每名学生提供适合的教育方式。

3. 丰富社会实践活动

依托社会大课堂，进一步整合资源，加强经费保障，统筹实践活动各环节，完善中小学实践育人体系。落实综合实践活动课程要求，强化教学与生活、社会的联系，有序开展综合社会实践活动和开放性科学实践活动。加强实验教学，培养学生动手实践和解决实际问题的能力，做到学思结合、知行合一。

4. 促进线上线下深度融合

从学习者的视角出发，利用学习分析技术，对学生的认知特点、优势潜能和最佳学习模式进行分析，设计学习服务的个性推送方案和差异教学策略，开展多元化教学评价，探索信息技术支持下的个别化教学模式，促进技术与教学的深度融合，实现“尊重差异、发现差异、利用差异、发展个性”的课堂变革。

5. 开展“和乐卡”学生综合素质评价机制

通过家长资源调研、细化家校沟通渠道、家长进校园、家校共议、家校培训工作的实施，建立基于大数据、云计算、人工智能、区块链的个性化教学评价系统和分析反馈体系，跟踪监测教学各个环节。充分运用大数据平台，开发和完善评价手段、工具，探索建立更加全面、客观、高效的学生评价机制，最终目的是与孩子一起成长。

（四）追求面向未来的教师专业成长

1. 推动教师专业技能的提升

加强师德师风的建设，深化教学基本功的训练，持续增强教师在德育、课堂教学、作业与考试命题设计、实验操作及家庭教育指导等方面的能力。根据国家颁布的相关教师专业标准文件，专注于未来教师所需的关键技能，涵盖课程建设与教学设计、教育教学评价、学习环境创设、信息技术应用等多个领域，探索构建未来教师能力框架，并基于此开发评价标准体系和培训课程。

2. 实现教师研修活动的多样化

坚持科研、教研、师训三位一体的未来学校生态建设，不断完善集团教师培训机制，结合各实验学校的发展特色，激发教师专业成长的内在动力，为教师的专业发展提供展示平台。创新教师培训方法，促进信息技术、人工智能与教师培训的有机融合，实施线上线下相结合的混合研修模式。

（五）探索新时代的学校治理模式

1. 探索未来学校治理的创新途径

聚焦未来学校治理的核心议题，通过学校、家庭、社区等多方力量的整合，利用人工智能、大数据等新兴技术的优势，推动学校从传统的科层制管理向扁平化、柔性化、弹性化管理转变，积极尝试选课走班、学习共同体、院校制、导师制、社会课堂、智慧校园、大数据分析平台等多方面的探索，逐步形成未来学校治理的创新路径。

2. 拓展学校发展的新途径

积极引导多元社会主体参与未来学校的探索，支持社会力量提供多样化的教育产品和服务，吸引各行各业的专业人士参与学校教育，为学生的成长提供丰富的学习资源和真实的学习环境，努力构建校内外相互沟通、资源高度共享、流程无缝衔接的办学新体系。通过购买教育服务，拓展教育公共服务的有效供给，构建更加完善的课程体系，最大限度地满足学生多样化的学习需求。

3. 完善“三位一体”的教育网络

加强学校与家庭的联系，通过家访、校讯通等多种方式与家长沟通，帮助家长树立正确的教育观念。每年至少举行一次全体学生家长会。拓宽学校与社会的联系渠道，在现有的校外辅导员、法制副校长的基础上，利用各种社会资源，开展警校共建和社区共建等活动，使学校教育更加贴近社会、贴近生活，共同推进文明学校建设。充分发挥家庭、社会的育人作用，形成有效的德育合力，共同开展德育活动，实现课内外、校内外的有机结合，构建多层次、多方位的教育网络。

4. 探索院校合作的新模式

以海淀区教科院的优势合作办校实践为平台，实现优质教育教学资源的共同开发、师资管理干部培训、联合教科研、教育质量监测评估一体化、实验实训基地共建、区校之间“手拉手”、导师工作站建设等，建立区域高质量教育资源与海淀北部地区基础教育协同发展的有效模式。

二、学校特色建设成效显著

通过实现一校两址、分学段制办学的无缝衔接，学校以课程文化为核心，以制度文化为保障，坚持绿色发展理念，致力于实现“和乐”育人目标。

（一）坚定前行，行百里者半九十

1. 制定《学校发展五年规划》，建立了教科研管理制度和教科研成果奖励机制，明确了教科研工作的重点和主要策略、措施

以校长课题“‘和乐’教育理念下的未来学校办学路径研究”为主线，加强对各级各类课题的规划和整合，形成了以中心课题（项目）为统率、由分部主课题和教师子课题组成的课题群，使教科研工作规范化、系统化。在课题研究过程中，多次邀请中国教育科学研究院未来项目组的专家和北京教育科学研究院基础教育科学研究中心的领导专家进行专业指导，学校的教科研氛围日益浓厚，取得了显著成效。

2. 实施院校精准赋能的扁平化管理路径

学校实行一校两址、分学部办学的组织管理新生态。学校作为独立法人单位，校长由和平小学校长担任，区教科院院长兼任荣誉校长，派遣专人担任执行副校长。构建了符合学校运行的七大管理中心，包括：

学生成长中心（通过学生和乐卡全过程评价系统，推动五育项目式课程的有效实施）；

教学指导中心（内设和美艺术中心、和雅书苑、和创未来小镇、和爱成

长小队、和乐博才中心等，实施五育并举，重点深化葫芦、大觉寺文化体验、玉兰、武术、人工智能技术等课程活动）；

教师发展中心（负责教师继续教育、教师考核、教师聘任、教师职评等）；

学校发展中心（内设学术委员会等，负责学校特色课程研发、教师业务评价、各项评审指导工作）；

对外交流中心（内设日语组、英语组、学校新闻发言人，负责深化对日交流、中小幼衔接）；

体质健康中心（负责体质监测、视力保护、预防肥胖、合理锻炼、大课堂等）；

后勤服务中心（负责教务管理、财务、安保、资产、工程建设、校园文化建设等）。

3. 引入优质资源，建设未来学习空间

开展人工智能技术与教育教学深度融合实验，作为实验校参与教育部信息化教学实验区智慧校园建设，作为基地校参与北京市教育大数据协同创新项目的实践研究，与腾讯公司合作建立腾讯教育人工智能实验室等。同时，还将海淀区中小学教育资源平台上的优秀教育资源引入学校和课堂，借助互联网音视频资源促进教学改革，合理利用人工智能、虚拟技术、互联网、云计算、大数据等现代教育技术，探索个性化学习、探究性学习和游戏化学习的有效方法，不断提高教育教学质量。

4. 开启学校“和乐”五育课程建设

学校将课程分为人文、科学、身心、艺术、实践五大学习领域，每个领域又包含基础课程和拓展课程，其中拓展课程包括校内必修和校本选修（校内活动课程）两类。无论是基础课程还是拓展课程，都是围绕上述5个领域落实和强化5种素养。同时，学校开设了五大中心（和雅书苑、和美艺术中心、和创未来小镇、和跃体质联盟、和爱成长小队），更好地服务于学生、家长和社会。我们尝试打破学科与学科的界限，以及课内与课外、校内与校外之间的壁垒，突破传统课程模式，自主开发了极具地域特色的玉兰课程和红叶课程，并结合对外交流实践，开展了研学课程和食育课程。这种多元化课程体系为学生提供了更广阔的发展空间，激发了教师的工作热情，满足了学生的发展需求。

（二）“教科研导师团”引领教师专业发展

1. 教科研导师团精准助力

依托海淀区教科院的教育科研力量，根据教师发展的需求，学校建立了导师团队。每位导师负责带动一个教研组，辐射一个学科组，并影响一个教学领域。以教育科研群体课题（项目）为抓手，学校充分发挥教科研导师的专业能力和综合素养，组织教师开展教学方式变革、学习品质培养、人工智能教育等研究工作。科研的推动促进了教研的发展，进而提升了课堂教学质量，夯实了教师的教学基本功，并不断提升了教师的专业素养与综合能力。这样，学校初步形成了一支思想先进、师德高尚、专业精良、敬业乐群的优秀教师队伍。

区教科院院长吴颖惠开展了题为“合作开展办学研究，奋力建设未来学校”的讲座；兼职副校长张禹进行了题为“教育科研常规工作——课题研究与论文撰写综述”“新媒体技术在课堂教学中的应用”“‘和乐’教育理念下的未来学校实践”等的培训和课题组专项研修，共计6次；中国教育科学研究院曹培杰博士带来了题为“未来学校的变革路径”的讲座；区教科院所长严星林进行了题为“教育案例的撰写”的培训；区教科院德育与心理教育研究中心副主任陈尧为六年级毕业班家长和学生开展了心理讲座；导师团成员在学期末和开学初进行了8次教师专项培训。

2. 构建“教师共同体”的教学研修模式

教而不研则浅，研而不教则空。为了确保教科研活动的扎实开展，学校构建了完善的研修模式。具体模式包括：一是沉浸式模式，通过混合式研修和在线平台向导师及专家学习，将先进的教育理念转化为教学行为，不断改善学与教的方式，并依托课堂观察活动，对课堂教学进行诊断，将共同研究出的策略供教师在教学中使用；二是教学技能提升模式，围绕新课程对教师基本功的要求，培养教师在教学设计、信息技术应用等方面的技能；三是评价模式，定期开展青年教师汇报课、骨干教师示范课、优质课展评、教学设计及说课比赛等活动，通过这些活动来不断提升教师的授课水平和专业素养。

目前构建的领域包括：

①心理课程，指导教师为陈尧、王侠和赵宏玉；

②编程社团课程，任课教师为肖明；

③机器人社团课程，任课教师为孙成革；

④多语种群体项目，指导教师为杨柳和张晓玉；

⑤美术融合课堂教学实践，指导教师为赵方军、李金祥和万璐璐；

⑥思政教学共同体，指导教师为刘丹姐、王笑梅、王凤英和谭可；

⑦劳动教育基地项目，指导教师为张纪元；

⑧社会性课题研究，指导教师为宋世云和刘晓宇；

⑨未来学校专项课题研究，指导教师为宋永健、范璨文、吕丹、李雷、朱志勇、江虹、闫顺林、方丹、文军庆、殷玥、马涛和林喜杰。

（三）落实“双减”政策，精准开展课后服务工作

将“双减”政策背景下的课后服务工作落实到位，合理增设满足学生需求、有利于学生个性化发展的拓展性、选择性课程。学校已开发行进管乐、传统武术、美食制作、葫芦工艺、人工智能等40余门实践课程，全校有1300余名学生，参与率达99%。同时，积极拓宽学生发展渠道，充分利用周边资源，如海淀区图书馆（北馆）、中国航发北京航空材料研究院、一零一中温泉校区和街道社区等，开展形式多样的学生活动，如图书馆小小志愿者、航空领域专家采访、科技文化节等。

减轻学生负担、提高教学质量是学校一贯的追求。在国家课程政策的框架下，有机整合三级课程，通过课程整合和自主排课，把最有价值的精品课程提供给学生，这样才能实现深层次的减负和提质。学校面向教师、学生、家长、社区开展调研、访谈，深入分析办学理念、育人目标和课程建设之间的关系，基于学生发展需求和地域发展特色，围绕“孕育绿色生命，奠基幸福人生”这一办学理念，以培养学生的人文、科学、身心、艺术、实践五大素养为目标，构建了“和乐”五育课程体系。

参与学校课后服务的授课活动：

①学生心理课程（双周二下午2节），任课教师为赵宏玉；

②编程社团课程（每周五下午 3：30—5：00），任课教师为肖明和高洁；

③机器人社团课程（每周五下午 3：30—5：00），任课教师为孙成革和技术团队；

④人工智能探索课程（每周五下午 3：30—5：00），任课教师为郑志宏和首师大团队；

⑤主题班会课活动（每月定期活动），导师为庞奕；

⑥传统文化课程（一年级到六年级养成教育课程正在建构中），导师为高峰和达思潮；

⑦日语特色课程——小语种项目（每月 1 节），导师为杨柳。

借助海淀区教科院的教科研优势力量。通过“统、整、导、探、展”五字方针，院校携手统筹管理与引导，整合优质资源，开展学校特色课程制定、学与教方式变革及班主任工作指导，探索实施特色课程，将经验辐射区域学校，建构“教科研助力学校高质量发展，院校合作赋能海淀北部学校活力”的学校发展新模式。

（执笔人：张禹、甄海波、宋永健、尹彧、吕丹）

第二篇章　构建多元育人新生态

新课标背景下“有趣的葫芦”综合实践活动课程设计与实施

一、主题选择

（一）课程改革相关政策要求

课程改革政策促进了学校课程建设的发展。教育部于2017年9月25日颁布了《中小学综合实践活动课程指导纲要》，确立了综合实践活动作为国家义务教育和普通高中课程方案规定的必修课程，与学科课程并重，构成了基础教育课程体系的核心部分。该课程由地方教育部门统筹管理和指导，具体内容主要由学校自主开发，从幼儿园到高中三年级全面实施。文件明确指出，综合实践活动课程应从学生的实际生活和成长需求出发，从生活情境中发现并提出问题，将其转化为活动主题，并通过探究、服务、制作、体验等多种方式，培养学生的综合素质，这是一门跨学科的实践性课程。同时，文件从课程理念、目标、内容、活动方式、规划与实施等方面提出了具体要求。

2018年，习近平总书记在全国教育大会上强调了构建德智体美劳全面发展的教育体系的重要性。劳动教育成为教育体系中不可或缺的一部分，培养德智体美劳全面发展的社会主义建设者和接班人成为教育工作者的共同使命。中共中央、国务院在2019年发布的《中国教育现代化2035》中进一步强调了“更加注重学生全面发展，大力发展素质教育，促进德育、智育、体育、美育和劳动教育的有机融合”，并明确提出了五育融合的教育发展目标。2020年3月，中共中央、国务院发布了《关于全面加强新时代大中小学劳动教育的意见》，同年7月，教育部公布了《大中小学劳动教育指导纲要（试行）》，明确了各学段劳动教育的内容和要求。

随着课程改革的深入推进，培育学生的核心素养已经成为学校教育的新任务，也是国家培养人才的新目标。综合实践活动为每位学生的个性发展提供了广阔空间，使学生在社会生活中学会处理人与自然、人与人、人与社会等方面的关系，拓展了学生的科学精神与创新意识、信息意识与技术意识、劳动观念与动手能力，培养了学生的社会责任感和参与社会实践的能力，这是素质教育的重要组成部分。

（二）学校综合实践活动课程改革的实际需求

学校地缘性文化催生了课程建设。在党的十九大报告中，习近平总书记强调了“绿水青山就是金山银山”的理念，并提出必须坚持节约资源和保护环境的基本国策。他倡导像对待生命一样对待生态环境，统筹山水林田湖草系统治理，实行最严格的生态环境保护制度，形成绿色发展方式和生活方式，坚定走生产发展、生活富裕、生态良好的文明发展道路，建设美丽中国，为人民创造良好生产生活环境，为全球生态安全做出贡献。2010 年，和平小学确立了“孕育绿色生命，奠基幸福人生”的绿色办学理念，其中“绿色”已成为学校教育和管理的核心。绿色象征生命、和谐与发展，代表着健康、爱心、可持续发展与和平。绿色教育播种快乐、健康、和谐与希望。同时，“弘扬民族文化，促进学校发展”成为学校的办学特色。如何将博大精深的民族文化具体化，并融入实际教育活动中，是学校构建办学特色的重点。“有趣的葫芦”这一实践活动，促进了学校特色的形成，弘扬了民族文化，进行了民族艺术教育，并丰富了校园文化内涵，从而彰显了学校的办学特色。

学校和社区是学生幸福成长的摇篮，也是他们实践和体验生活的基地。学校位于海淀北部新区，拥有得天独厚的土地资源。学校和学生家庭都有适宜种植的土地，为学生亲自动手种植和进行劳动实践提供了优越条件。学生种植葫芦，用自己种植的葫芦进行美术创作，吹葫芦丝、写观察日记，这些都是他们乐于参与的活动，也是他们实际需求的体现。学校将学生需求、地区资源、学校特色与教师的个人智慧、专业技能、经验和思想相结合，转化为师生集体的财富，形成了学校的特色和传统。

学校坚持“科研兴校”，以课程研修为引领，促进教师专业发展。在传统课程模式中，教师往往局限于自己的学科，无法关注学科间的相互支撑与协作，也难以自主承担其他学科的育人责任。各学科各自为政，缺乏协调，就像一场不协调的多人绑腿跑。只有通过课程整合，教师才能转变观念，关注所有课程，灵活运用三级课程资源，为学生发展服务，拓宽自身专业发展的视野。通过自主排课，教师可以参与课程的开发和建设，不断进行有益尝试，从而提升自身的专业能力，更好地实现育人目标。学校通过“有趣的葫芦”这一特色课程，践行办学理念，以课程研修和统整为引领，促进教师专业发展和学校特色发展。在近20年的教学实践中，学校形成了独具特色的校园文化——葫芦文化。

通过课程整合，可以将“知识的课堂”“实践的课堂”相结合，以操作探究的形式呈现，实现“知行合一”。从哲学角度看，分化与整合是矛盾的统一体，它们相互作用，促进课程体系的建构和发展。然而，学科分化的最终目的并非知识的分化，而是知识体系的融合。作为教育的主体，学生的认知结构需要逐步建立，这一过程必须是系统的、无界限的。基于实践的整合可以有效打破学科界限，在学科内部整合的基础上，进行科际整合，有利于学生形成更完整的认知体系。

基于国家政策的推动及学校、学生、教师的需求，学校开发了“有趣的葫芦”这一综合实践课程。活动中的趣味性，点燃学生对生活的热爱，以丰富的课程形式和内容促进学生综合能力的提升。

（三）课程开发

1. 课程开发原则

调查、研究、实验相结合的原则：深入调查学生需求、教师现状和社区条件，将调查结果作为实践活动课程开发的关键依据。同时，将整个开发过程视作科学研究过程，以提升综合实践活动课程开发的有效性和科学性。

实效性原则：在综合实践活动课程的开发中，严格执行国家课程政策，遵循课程开发和发展规律，避免盲目性和形式主义。

遵循综合实践活动课程研制、实施、评价一体化的原则：在注重课程实施的同时，通过评价课程实施过程和效果，反思课程的合理性和实施的科学性，从而提高课程设计质量。

2. 课程内容确定的依据

综合实践活动课程开发领导小组经过多方面论证，认为课程开发必须立足本校实际，考虑周边环境和学生实际需求。作为一所农村小学，学校强调农村小学的特色，考虑地理环境、教育资源、办学宗旨、学校特色、教师和学生等因素。根据学生的身心特点和发展水平，紧密联系学生的生活及学生所处的社会和自然环境，实施因地制宜、因人而异的策略。基于对学校和学生众多相关因素的调查、研究和分析，学校确定了课程开发的主题和内容。

3. 课程内容体系框架

"有趣的葫芦"综合实践活动类课程是一套以长周期、大主题为核心的课程。活动内容分为四部分：第一部分是葫芦的种植，第二部分是葫芦绘画，第三部分是葫芦丝的演奏，第四部分是学习撰写观察日记。该课程与科学、美术、音乐、语文等学科相融合，是对学科课程的延伸、拓展和补充。它不仅丰富了国家规定课程的内容，还实现了课程资源的开发，同时拓展了学生的课外活动。课程的开发与实施处处体现了学生在实践活动中的体验、收获和感悟。学校有目的、有计划、有组织地通过多种活动项目和活动方式，利用所学知识，开展以学生为主体，以实践性、自主性、创造性为特征的多学科融合的实践活动课程。

4. 课程开发流程

学校组建了课程开发领导小组，由丁刚担任组长，李远辉作为主要负责人。王红心、陈颖、周雪亮、冯彬、王志刚、马振鹏等成员共同参与，负责综合实践活动课程的规划、管理与执行。领导小组确立了课程开发的方向，协调并解决开发过程中遇到的问题和挑战，并提供必要的支持。

在前期论证和内容确定阶段，我们将课程开发的目的、意义和项目报告提交给课程开发领导小组，经过讨论和认定后，针对开发的课程内容征求学生的意见。通过问卷调查、访谈和观察等多种方式，我们调查和分析了学生的发展需求，并让学生自己选择感兴趣的领域和活动。根据这些调查结果，我们确定了“有趣的葫芦”作为课程内容。

在专家引领和教材编写阶段，鉴于实践活动课程开发的科学性、准确性和适应性，编写工作显得尤为艰巨和复杂。为了确保课程的科学性和实用性，我们邀请了多位专家就课程的理论基础、理念、思路、活动设计和实施方案进行指导，并对相关教师进行培训。经过专家的指导和培训，我们编写了《有趣的葫芦综合实践活动方案》，并根据社会发展需求不断更新，确保学校的特色课程与新课程理念保持一致。

二、课程目标

我们坚持五育并举，致力于传承民族文化，丰富学校文化内涵。在课程开发和实施过程中，始终以学生的实际需求为出发点，注重实践、探究、协作和文化熏陶，力求实现学生独具特色的全面发展。课程目标围绕价值体认、责任担当、问题解决和创意物化进行设计。

（一）情感、态度、价值观

（1）培养学生对社会的责任心和使命感。学生能够自觉关心、关注并积极参与到对人类共有的地球家园、自然环境及周围社会重要问题的讨论中，具备基本的责任意识。

（2）让学生获得亲自参与探索的体验，并学会分享与合作。在活动中，学生应主动参与、热情投入，从而获得亲身体验，形成乐于探究、主动提问、善于合作、勇于进取的积极情感。

（3）培养学生的科学态度和科学道德。通过自主探究活动，培养学生实事求是、大胆创新、不畏困难、顽强拼搏、严肃认真的精神，以及遵守科学道德与规范的意识。

（二）能力目标

（1）培养独立思考与完成任务的能力。

（2）提升搜集与处理资料的能力。

（3）强化动手操作与实验的能力。

（4）增强与人沟通、交往、合作的能力。

（5）提高语言表达与文字表现的能力。

（6）培养管理与自我管理的能力。

（7）增强综合运用知识解决问题的能力。

（三）知识目标

（1）掌握提问、观察、调查、访问、评价、鉴别、鉴赏等方法性知识。

（2）拓宽跨学科的知识面，以补充解决具体问题所需的知识。

（3）通过日常经验积累体验性知识。

三、课程实施

课程实施的核心在于跨学科整合以实现共同目标。因此，课程分为3个阶段：葫芦萌芽、葫芦生长、和乐共享。通过不同年级和形式的综合实践活动课程安排，促进学生传承葫芦文化，并提升其综合能力。综合实践课程内容将被纳入课表，并进行排课，确保教师在课程开展过程中有足够的时间，从而推动课程的顺利进行。教师需对课程内容进行自主备课，制定有针对性的教学方案，并在年级组内进行交流，确保教学方案的可实施性和有效性，以保障实践课堂教学的高效推进。教学干部应关注实践课程的实施效果，深入班级听课并进行适当调研，了解课程实施中的问题，并通过进一步研究与调整，推动课程的持续发展。在课程整合和自主排课的过程中，要注重整合后的适宜性、效益性和综合性，遵循原则，灵活运用课程整合的策略，以避免增加学生负担，确保教学活动的成效。

（一）葫芦种植

结合科学课程，内容涵盖学生通过小组合作和调查研究自主探索葫芦的奥秘、种植和管理过程。科学教师引导学生从认识种子开始，经历翻地、施肥、播种、育苗、管理到观察记录的全过程。通过参与这些活动，学生不仅掌握了种植技巧，还培养了认真观察、细致记录和善于研究的良好习惯。此外，这些活动还锻炼了学生的动手能力、坚持不懈的毅力及分析和解决问题的能力。这些体验激发了学生对周围植物的关注，对大自然和劳动的热爱，以及对生命现象研究的浓厚兴趣。

（二）葫芦上的艺术

与美术课程相结合，在美术教师的指导下，学生利用自己种植的葫芦进行个性化创作。

环节一：画前准备

• 当葫芦皮色发白时，教师带领学生一同采摘，保留从葫芦藤上摘下的葫芦的“龙头”。

• 学生使用塑料尺刮去外皮，露出草绿色的内层。

• 将葫芦阴干，避免暴晒，并确保不接触地面。

环节二：确定主题

• 学生根据葫芦的不同形状确定想要绘制的主题。

• 学生根据自己的构思选择合适的葫芦。

环节三：用铅笔定稿

• 在白纸上用铅笔勾勒出大致形象。

• 在葫芦上细致描绘，注意笔触不要太重，确保构图恰当。

环节四：电烙画稿

• 使用电烙笔进行画稿。

• 烙画时，要注意电烙笔的温度，因为颜色的深浅与温度和行笔速度有关。电烙笔在葫芦上停留的时间越长，烙印的颜色越深。

环节五：画稿着色

• 学生使用彩色铅笔或水彩笔上色。

• 注意颜色渐变的丰富性。

在绘画过程中，通过绘制充满童趣的神话传说、奥运福娃，传统的十二生肖、民俗年画，经典的京剧脸谱、山水花鸟，以及进行工艺造型制作等，培养学生的绘画技能和艺术体验，激发他们的创新和创造精神。同时，这些活动还对学生进行民族文化、民族精神的熏陶，促进学生核心素养的提升。通过这些作品，我们培养了学生的民族自豪感，并宣传了中华优秀传统文化。我校学生的作品经常被作为礼品赠送给来访嘉宾，曾被作为奥运礼品赠送给参赛运动员，也曾被作为中日友好的象征赠送给日本驻华大使馆参赞，并在日本驻华大使馆展出。

环节六：活动评价

- 对学生活动进行过程性评价。
- 通过教师评价、学生自评、小组互评等多种方式进行评价。

（三）葫芦丝的美妙旋律

在音乐课堂上，学生们在音乐老师的引导下，逐渐认识并尝试学习葫芦丝的吹奏技巧。从最初的惊奇到逐渐了解，再到能够独立演奏，最终在舞台上自信地展示，这一过程充分展现了孩子们对民族乐器葫芦丝的浓厚兴趣。通过这一学习过程，学生们不仅掌握了音乐技能，还深入了解了葫芦丝丰富的历史和相关的民俗文化。许多学生认识到民间艺术是我国宝贵的文化遗产，对此感到自豪，并因此激发了他们为传承和发展民间文化艺术贡献自己力量的坚定意志。

（四）记录观察日记

将观察日记的写作与语文课程相结合，语文教师指导学生详细记录观察的时间、地点、植物外观等要素。学生们还需表达自己在参与实践活动中的个人感受，以引起其他学生情感上的共鸣。这一过程不仅提高了学生的语言表达和文字运用能力，还提升了他们的审美情趣，激发了他们对生活的热爱之情。

四、课程评价

坚持采用多元化的评价方式和多维度的评价内容，重视对学习过程的评价，是确保综合实践活动课程开发与实施质量的关键。课程评价不仅旨在评估学生达成学习目标的程度，更重要的是检验和优化综合实践活动课程的目标与内容，以及学生的学习成效和教师的教学方法。通过这种方式，可以改善教学设计，优化教学流程，进而推动学生发展和课程建设的进步。评价方法包括课堂观察、作业分析和问卷调查，这些方法用于对学生在综合实践活动课程中的学习过程进行评价。以“葫芦”为主题，通过知识与能力目标、过程与技能目标、情感态度与价值观目标3个维度，构建了实践活动课程学生学习过程的评价指标和标准。利用评价工具，从科学、音乐、美术、语文等多个角度对学生进行过程性评价，以激励学生个性发展，促进全体学生的全面发展。

在“有趣的葫芦”综合实践活动课程的实施过程中，学校积极开展了前期的学生调研，以了解学生的基本情况，并设计了“学生‘葫芦种植’调查问卷”“学生‘葫芦绘画’调查问卷”“学生‘葫芦绘画与工艺’调查问卷”等。同时，学校还开展了多维度的活动评价，设计了“了解葫芦植物的一般常识测评试卷（师评）”“科学实验评价试卷（师评）”“实验记录单的评价指标与标准（自评）”等评价试卷，并制定了《“葫芦绘画”评价指标与标准》《“葫芦丝”的吹奏评价指标与标准》，采用量化评价方式和标准，以促进学生在知识、能力和综合素养方面的提升。

五、结语

在综合实践活动课程的开发与实施过程中，学校遵循了“以校为本、量力而行，以生为本、因需设课、三级课程、相互协调，完善管理、循序渐进”的原则，形成了一个科学且操作性强的开发实施模式。在实施与管理方面，学校积累了丰富的经验。综合实践活动课程的开发与实施，更好地体现了学校的办学理念和特色，满足了学生多样化的发展需求，促进了教师的专业成长。综合实践活动课程的开发与实施是一项系统工程，它涉及课程总体目标、实施与评价、教材建设、教学师资、教学时间与场地等多个方面。随着《义务教育课程方案》的发布，综合实践活动课程的开发与实施需要不断更新迭代，以满足学生的发展需求，从而促进学生综合素养的全面提升。

（执笔人：李远辉、王红心、马振鹏）

以戏剧社团提升小学生英语核心素养的教学改进研究

经过国内外教育界的长期实践和研究，教育戏剧已被证实对促进学生的语言学习和素养发展具有积极作用。尽管教育戏剧在英语教学领域的应用研究持续深入，但其在小学英语社团中的应用研究相对较少。鉴于此，本文积极探索了教育戏剧在小学英语戏剧社团活动中的应用，涵盖了社团的建立、实施、产出等关键环节。以课本剧“The Story of Nian”为案例，本文详细介绍了如何解析文本、如何创作剧本及排练和演出的过程。通过分析反馈的实施过程中的问题，本文旨在突破学生在英语学习中遇到的难点。实践表明，戏剧社团是培养学生英语学科核心素养的有效途径。在戏剧社团中，小学生不仅能够提升语言能力、培养文化意识，还能增强思维品质和学习能力。

一、学科核心素养与英语教育戏剧

《义务教育英语课程标准（2022 年版）》（简称“新课标”）明确了核心素养的内涵。核心素养是课程育人价值的集中体现，是学生通过课程学习逐步形成的，适应个人终身发展和社会发展需要的正确价值观、必备品格和关键能力。新课标指出，英语课程旨在培养学生的核心素养，涵盖语言能力、文化意识、思维品质和学习能力等方面。英语学科核心素养的实质在于学习语言、提升认知与思维能力，以及学习文化、培养情感与正确的价值观，最终目标是培养心智健全的人，促进学生的全面发展。

新课标还强调，教师应将课内与课外相结合，将课外阅读任务融入课后作业，并组织学生定期交流和展示阅读成果。教师应辅导并支持学生参与戏剧表演等活动。教育戏剧能有效深化故事阅读的体验、交流和表演，通过展示展演活动，将课内外结合，展示阅读成果。

教育戏剧是将戏剧元素、技巧及剧场应用的方法运用于教育教学的一种手段。通过受教者的积极参与和互动，教育戏剧帮助学生掌握其传达的内容与技能，并让学生发现更多可能性及创造的新意义。教育戏剧并非传统意义上的登台演出，它不重视表演的结果，而是强调参与戏剧活动的整个过程，包括角色扮演、即兴创作、说故事剧场、论坛戏剧等形式。它更注重参与者的感受及从活动中领略知识及寓意，注重参与者之间的交流与感悟，注重对故事可能性或角色性格的探讨，以及参与者在活动过程中的创造性与创新性的发挥。

通过教育戏剧的方式开展英语教学，可以在恰当的语境中培养学生的语言能力，增强学生在真实情境中的文化意识，提升思维品质，并在分组合作时提高学习能力。因此，教育戏剧是将核心素养落实在英语教育中的理想载体。

二、英语教育戏剧在社团中实施的独特优势

（一）英语戏剧社团的独特优势

教育戏剧在英语教学中的优势极为显著，然而，由于课时限制，许多活动在日常教学中难以实施。一方面，小学阶段学生的英语语言能力有限，他们在自由表达观点时，往往因语言能力的局限而难以用英语有效地传达自己的想法；另一方面，教育戏剧活动的组织受到场地和时间的制约，戏剧活动通常需要一块相对宽敞的场地，而一个活动要想充分展开，也需要较长的时间。在标准化的小学英语教室中，40 分钟的课堂时间往往难以满足这些需求。英语戏剧社团在招生时，可以选择一些英语基础较好的学生。社团活动通常包括两节 40 分钟的课程，加上 10 ~ 20 分钟的课间休息，一次活动需要 90 ~ 100 分钟。因此，戏剧活动需要包括热身、戏剧表演和总结放松等环节。社团活动场地需要选择一间可以移动桌椅的教室，以便学生有足够的空间进行游戏和小组活动。因此，英语戏剧社团的形式解决了教育戏剧在课堂教学中实施的难题。

（二）戏剧社团的实施过程

以本人所在学校为例，英语戏剧社团在课后服务时间举办活动，属于教师社团之一，没有经费支持。社团指导教师具备专业的教育戏剧培训经历，并多次承担教育戏剧研究课，经常在日常英语教学中实践融入戏剧元素的教学法，

学生在平时的课程中有教育戏剧的储备和初步认识。戏剧社团共有 38 名学生，分别来自 3 ~ 6 年级，他们有一定的英语基础、喜爱舞台表演、敢于表演。本社团计划每学期开展 15 次活动，活动时间是每周五下午 3：30—4：10，活动地点是室内篮球馆。

戏剧社团开展的学期目标是，通过一学期的学习，将故事或剧本搬上舞台，让每位学生都参与其中，共同合作并展演一部英语短剧。

1. 社团教学目标

教学目标是通过教育戏剧的教学方法创编戏剧，提高学生的语言能力和文化意识；通过戏剧游戏和戏剧创编排演，培养学生的“七力四感”（七力：观察力、注意力、想象力、感受力、思考力、适应力、表现力；四感：真实感、形象感、幽默感、节奏感），提升学生的学习能力和合作能力。学期目标是将一个中国传统文化故事改编为一部 10 ~ 15 分钟的英语短剧并排演。

2. 社团教学计划

英语戏剧社团的运行大致分为计划、实施、产出和总结 4 个阶段。每个阶段的时间跨度和主要内容如表 A–1 所示。

表 A–1　英语戏剧社团教学计划

阶段	时间	内容
计划阶段	第 1 周	建团，进行戏剧破冰游戏
实施阶段	第 2 周至第 4 周	选定故事，通过戏剧游戏和范式进行故事文本阅读、文本解读、人物分析（动态小组）
	第 5 周	改编故事，生成剧本，按剧幕划分并建立子项目组
	第 6 周至第 9 周	分组排演，解决台词和表演中的问题，组长任导演，教师进组指导
	第 10 周至第 13 周	集体排演，发现问题，修订剧本，同时准备服装、道具、背景、音乐等
产出阶段	第 14 周	舞台展示
总结阶段	第 15 周	总结表彰

3. 阅读故事课例分析

本文选取了人民教育出版社出版的义务教育教科书英语（一年级起点）六年级上册第一单元“在中国（In China）”中的故事课“The Story of Nian”作为案例分析对象。教材中的课文主要讲述了年兽的故事及过年的起源。

（1）通过教育戏剧的方式进行文本解析和人物分析。

在社团活动的初期阶段，老师利用三周的时间引导学生接触戏剧，并解析故事。在戏剧游戏环节，学生们相互熟悉，并通过默契训练类游戏培养了观察力、注意力和感受力；在解读文本的过程中，通过分组设计静态雕像等活动，锻炼了学生的思考力、想象力和表现力；通过小组合作，培养了学生的适应力。

（2）共同讨论改编剧本。

剧本是戏剧排演的核心内容，也是提升学生语言水平的关键。鉴于小学生语言能力的局限性，剧本改编环节需要老师深入参与。受限于篇幅和学生语言水平，课本故事通常采用平铺直叙的方式，语言简单，剧情平淡，缺乏戏剧冲突，缺少剧情转折的吸引力。因此，在改编剧本时，最重要的任务是引入戏剧冲突。在课本剧“The Story of Nian”中，老师利用“故事山（Story Mountain）”为学生提供了一个框架，组织学生通过头脑风暴讨论村民们如何与年兽抗争，并最终战胜它，从而形成剧本故事的梗概（图 A–1）。

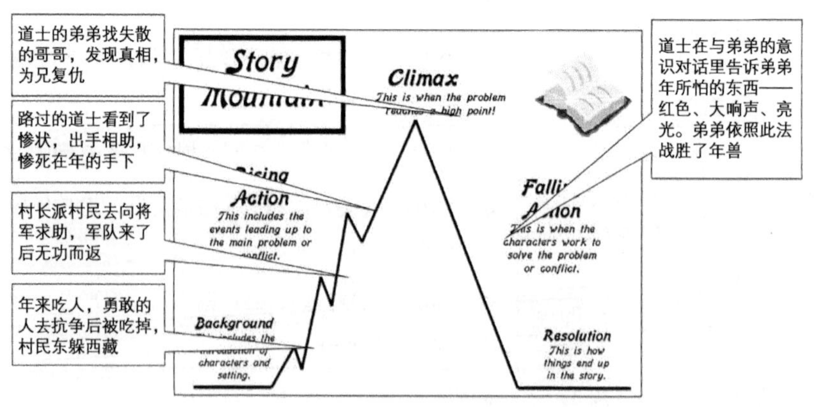

图 A–1　增加了戏剧冲突的剧本故事梗概

在确定戏剧冲突之后，老师进一步引导学生探讨故事的叙事技巧。目前的文本采用线性叙事方式，这使得故事显得较为平淡。老师建议，如果故事以过年的热闹场景开场，穿插叙述年兽的传说，最后以节日的欢庆场面作为结尾，那么在表演时既能展现生动的节日氛围，又能贯穿一个引人入胜的故事。基于此，剧本被划分为四部分：准备过年、年兽的袭击、战胜年兽、庆祝传统节日。

（3）分组排练，及时调整。

接下来是分组排练和及时调整的阶段。在各组讨论好内容后，组长将在一周内负责将剧本整理成文，之后由老师进行审阅和定稿。组长将带领组员进行排练，由于同学们在之前的集体教育戏剧活动中已经对舞台位置、调度等基础表演知识有了初步掌握，组长的指导将主要集中在台词上。老师会定期访问各小组，为组长或组员提供问题解答、协调等帮助。在这个阶段，同学们基本上能够固定并熟练自己的台词，舞台表演内容和走位也基本确定。

（4）集体排练，反思改进。

随后是集体排练和反思改进的环节。各组经过 4 周的独立排练后，进入合练阶段。在第一次合练中，我们发现了一些问题：全剧叙事平淡，缺乏亮点；第二幕和第三幕衔接不畅。面对这些问题，我们迅速进行了集体反思和头脑风暴。为了解决叙事平淡的问题，同学们建议设计两个全员参与的大场面：军队与年兽的战斗及战胜年兽后的庆功宴。由于第二幕和第三幕分别由两组负责，角色重复导致幕间衔接不自然，老师协调两组组长，通过微调剧本和统一演员的服装和体形来解决这一问题。在加入两个大场面后，又出现了演员调度的问题，通过调整群众演员的出场顺序，这一问题也得到了解决。

（5）进行展演及学生反馈。

最后是展演及学生反馈的环节。经过 13 周的学习和排练，英语短剧 “The Story of Nian” 在第 14 周精彩上演。尽管同学们的表演略显青涩，但这是他们自己编写剧本、改进台词、完善表演、设计服装道具及舞台背景和音效，自导自演的成果。这部剧是每位学生一个学期热情投入的结晶，同学们的成就感洋溢在自信的面庞上（图 A–2）。

图 A-2　演出结束时师生合照

在第 15 周的活动中，老师设计了红毯秀环节，给每一位热爱表演的同学展示自我的机会，为每一位认真参与的同学颁发奖状，为付出最多的导演颁发最佳导演奖。同学们围坐在一起，分享了一个学期以来的收获（图 A-3）。

有的同学说："通过表演英语短剧，我在英语方面得到了锻炼，有了很大进步。"另一位同学说："我很小的时候就喜欢表演，终于在英语戏剧社团实现了我的梦想，我从来没有比现在更快乐过。我学会了如何提高专注力，也对自己的兴趣更加坚定，不会轻易放弃。"导演们觉得"非常锻炼人"，"虽然其间有的时候很痛苦，但是最后演出成功了，所有的付出都很值得"。

图 A-3　总结会上团员们成就感满满的笑脸

三、学生的学科核心素养得到提升

（一）学习方式变革，学科核心素养得到提升

教育戏剧让学生的学习方式从碎片化转变为整体化，从浅层模仿深化为深层创作，从被动接受转变为主动探索，从孤立学习发展为协作学习。在这一过程中，学生积极结合个人经验，主动进行探究、合作，并适应调整，从而增强了学习能力；通过编写剧本、改进台词，学生的语言能力得到提升，文化意识得到加强；在不断体验和改进表演的过程中，学生锻炼了“七力四感”，提升了思维品质，通过参与戏剧社团，学科素养得到了全面提升。

（二）学生主动学习，个性得到发展

在戏剧排练的过程中，学生能够根据自己的语言能力和性格特点选择适合自己的角色；根据自己的组织能力选择小组内的角色；根据个人爱好和特长选择在组内或社团内的职务，个性化地规划自己的成长路径。

六年级的男生小 L，在五年级下学期遇到了一位非常严厉的班主任，由于不适应新老师的教学风格，他一度对上学产生了恐惧。然而，在六年级上学期加入戏剧社团后，小 L 逐渐变得自信和开朗，从最初的内向逐渐转变为一个具有强烈责任感和学习能力的个体。他总是体贴他人，做事能为他人着想。在组内的出色表现使他脱颖而出，后来他担任了编剧、导演、组长等角色，并成功地完成了任务，荣获优秀导演奖。戏剧社团的经历帮助小 L 重新找回了自信，使他恢复了积极的生活态度，就连之前的班主任也对他刮目相看。

另一位男生小 X 对表演充满热情，他会反复琢磨每一个动作、每一处停顿，甚至是道具的使用方法。对于老师给出的每一个提示，他都会认真思考。在第二学期的戏剧展演中，小 X 参与的剧目参加了“希望中国”的戏剧展评活动，并在国家级的决选中荣获最佳男配角奖，他的演技得到了广泛认可。

四、结语

学生通过戏剧社团中的故事阅读、分析和表达，提高了自己的语言能力；在分析和表演人物的过程中，提升了思维品质；在小组合作中提升了学习能力。通过戏剧社团这一平台，教育戏剧找到了更有效的输入途径和展示舞台，充分激发了每位学生的主观能动性，有效地提高了学生的学科核心素养。

（执笔人：李瑞玲）

第三篇章 打造“和乐+未来”教育

不忘初心守教育 携手共筑未来梦

在海淀区教科院的引领与支持下，学校充分利用了其传统特色教育的优势，精心制定了未来3年的发展蓝图，致力于通过科技智慧教育，提升学校的整体办学品质。在硬件设施方面，得益于区教委和地方政府的大力支持，成功合并了一所小区配套幼儿园，扩大了办学规模，新增了7间教室和2间多功能教室，为师生提供了更多的活动空间。同时，实现了校区内（和慧楼、和研楼、和雅楼）所有空间的安全监控和无线网络的全面覆盖。

一、党建引领方向明，组织聚力谱新篇

积极探索五育融合的教育模式，注重学生的全面发展。致力于养成教育，从小培养学生的良好习惯和道德品质；深化美育浸润，让艺术之美洗涤学生的心灵；通过体育锻炼，增强学生的体质，培养学生的团队精神；重视劳动教育，让学生在劳动中学会感恩和珍惜。

二、规划落地质量升，教育稳步向前行

1. 规划引领，明确方向

遵循海淀区教科院“智慧教育，引领未来”“五育并举，和谐·创新”的教育理念，学校深入贯彻新课标精神，特别是在数学、语文和英语等学科上，学生的卓越率和合格率均实现了稳步提升，充分展现了规划实施的积极成效。

2. 资源整合，共谋发展

积极探究人工智能在数字课堂教学中的应用实践，成功建立了学科名师工作室。在这一过程中，教师的专业素养得到了显著提升，多位教师在市级、区级教学比赛中获奖，充分展示了资源整合与共享所带来的积极效应。

3. 监控评估，保障成果

注重对教育教学质量的持续监控与评估。我们已经构建了一个完善的教学质量监控体系，确保每一节课均能符合既定的教学标准。同时，我们积极搜集学生及家长的反馈意见，并及时调整教学策略与方法，以满足学生多样化的学习需求。

三、课程革新齐并进，体系优化共发展

1. 整合多元课程，拓宽学习视野

紧随新课标改革的步伐，学校全面优化了课程体系，精心打造了校本特色课程，如“有趣的葫芦”，以满足学生多样化的学习需求。通过跨学科的实践活动，如红叶节、玉兰节的探索学习，学生在实践中求知，在体验中成长，从而显著提升了他们的综合素质。此外，学校引进了国际课程资源，开设了英语戏剧、国际理解课程，进一步拓宽了学生的国际视野。

2. 智慧教育引领，焕发教学活力

顺应信息技术的发展潮流，学校大力推进智慧教育。引入智能化教学设备和开发数字化教学资源，构建了一个高效便捷的教学环境。应用平板电脑语音 AI 识别系统、智能机器人等，不仅提升了课堂教学效率，也激发了学生的学习兴趣。精准的大数据支持为教学改进提供了有力的保障，焕发了教学的新活力。

3. 资源共享协同，变革教学方式

自 2023 年起，学校与首都师范大学数字化学习实验室携手合作，引入 AI 机器人，采用“双师”模式下的人机协同授课。这种创新的教学模式不仅提升了教学效率，还点燃了学生的学习热情。通过大数据分析和智能算法的应用，为学生提供定制化的学习建议、个性化的学习路径及多样化的学习资源。

四、德智体美并重举，共同发展育新人

1. 德育为基，塑造品格

学校高度重视德育工作，并致力于将传统文化的精粹融入其中，旨在培养具有高尚品德的学生群体。通过精心组织的古诗文诵读活动，学生得以在经典诗文的熏陶下，深刻领会中华文化的独特魅力；同时，劳动教育基地的建立为学生提供了在劳动实践中养成勤劳的品质和树立强烈责任感的机会。这些举措进一步加强了学生的道德品质和社会责任感，德育工作取得了显著的成效。

2. 智育创新，学科飞跃

在智育方面，学校勇于探索，开创了跨学科融合教学的新篇章。各学科教师携手合作，围绕多元主题设计实践活动，如制作玉兰皂、米糕等，让学生在实践中学习，在学习中成长。这种创新的教学方式不仅极大地提升了学生的学习兴趣与综合素养，更为他们的未来发展奠定了坚实基础。

3. 体育强健体魄，锤炼意志

体育作为学校教育中不可或缺的一环，学校始终致力于强健学生体魄，锤炼他们的意志。通过多样化的体育项目，如足球赛、跳绳比赛、广播操比赛、运动会等，学生不仅锻炼了身体，更在比赛中学会了团队合作与坚持不懈。特别是在足球、武术等传统优势项目上，学校学生在各级比赛中屡获佳绩，展现了良好的竞技水平和团队精神。

4. 美育浸润，才华绽放

美育在学校教育中扮演着至关重要的角色。合唱团、管乐团等艺术团体在参与市区级竞赛时屡屡取得优异成绩，这不仅提高了学校的声誉，也彰显了学生们的卓越才能和学校艺术教育的深厚底蕴。通过六一社团展演、玉兰节摄影作品展等活动的举办，学生的校园文化生活得到了极大的丰富，同时也在不知不觉中增强了他们的审美意识和艺术修养。

五、科研引领创新路，成果丰硕展未来

1. 教育科研成果显著

学校对教育科研工作给予高度重视，并积极倡导教师参与课题研究。目前，学校承担了1个中国教科院实验区课题、2个市教委专项课题和12个区级课题的研究任务，彰显了教师团队在教育科研领域的深厚功底和积极进取的态度。在过去的一年里，教师们在各级教育科研项目中屡获佳绩，取得了引人注目的成绩。在论文、案例征文中，共计荣获特等奖3篇、一等奖9篇、二等奖23篇、三等奖32篇及优秀奖17篇。

2. 科研成果显著促进教学发展

学校积极将教育科研成果融入教学实践，有效推动了教学方法和手段的创新。教师在各级评优课和新教师培训中取得了卓越的成绩。在2024年世纪杯青年教师评优课中，余泳杉老师荣获一等奖，李翎欣等5位老师荣获优秀奖，李利、陈颖老师荣获优秀指导教师奖；在新教师培训方面，张凯老师荣获优秀学员称号。学生在各类竞赛中也取得了优异的成绩，获奖情况如下：在体育领域，学校武术队和啦啦操队在市级和区级比赛中屡创佳绩，共获得二等奖以上奖项4项；在艺术领域，学生在“诵读中国”经典诵读大赛、“笔墨中国”汉字书写大赛、海淀区艺术节个人赛等赛事中表现出色，共获得一等奖36项、二等奖27项、三等奖30项；在科技领域，学生在海淀区金鹏论坛、创客编程、科技幻想画等比赛中同样取得了令人瞩目的成绩，共获得一等奖5项、二等奖7项、三等奖6项。这些成绩的获得不仅充分证明了学校教育科研成果的实用价值，同时也对学校的教育教学质量给予了强有力的肯定。此外，这些成绩也凝聚了教科院导师们的指导与协助。

3. 学术交流与合作深化

学校积极强化与市级和区级教育机构的交流与合作，参与了众多教育研讨会和论坛，积极分享了我们的教育理念和办学经验：一是成功承办了北京市教育学会美育专业委员会和北京市海淀区教科院共同主办的“融美育心　创美未来”学校美育体系建设研讨会，学校展示了15节研究课。这些课程内容丰富，包括语文、数学、英语、音乐、舞蹈、书法、美术等学科的创

新融合特色课程、非物质文化遗产课程及融合课程，充分展现了学校美育课程体系的建设成果，并获得了与会专家、领导的一致好评。二是如期举办了“院校携手，奋力打造面向未来的现代化优质学校——海淀区教科院和平未来实验小学二年成果汇报”，全面展示了3年来院校合作办学的实践成果。海淀区委教工委副书记吴谨出席并发表了讲话，对“院校”合作办学的实践成果给予了高度评价。

六、结语

在这一年的诸多挑战与不懈奋斗中，全校师生团结一心，坚定不移地贯彻执行了发展规划；展望未来，学校将继续秉承创新精神，深化教育改革，提升教育质量，致力于培养更多德智体美劳全面发展的社会主义建设者和接班人。本次海淀区教科院未来学校教育集团的周年学术年会不仅是对过去岁月的深情回顾与总结，更是迈向辉煌未来的新起点。

（执笔人：丁刚、张禹、王卫丽、尹彧、王佳、李雪娇）

附录 B　院校合作办学实践探索中的大事记

【党建】

建党百年辉煌路，启航时代新征程

——举行“庆祝建党 100 周年”主题党日活动

2021 年 6 月 29 日，和平小学党支部隆重举行了“庆祝建党 100 周年”主题党日活动。在这一特别的日子里，共有 9 位资深党员荣获“光荣在党 50 年”纪念章。

和平小学党支部书记兼校长丁刚同志亲自为到场的 5 位老党员佩戴了象征荣誉的纪念章，现场的在职党员教师们自发地报以热烈掌声，向他们致以崇高的敬意。

在活动中，退休教师田淑文代表所有老党员发表了感人的讲话。随后，丁刚同志向党员教师胡静同志颁发了由海淀区委教工委授予的“海淀区教育系统优秀共产党员”荣誉证书。胡静同志随后以“勇追勇担，敢梦敢当”为题，进行了精彩的宣讲。

活动在全体党员齐声高唱《没有共产党就没有新中国》的激昂歌声中达到高潮，这不仅是对党的深情颂歌，也充分展现了和平小学党员们对党的无限敬爱和忠诚（图 B–1）。

图 B–1　全体党员合影

【学校发展】

携手聚力向未来

——举行新校区启动仪式暨科技嘉年华活动

2020 年 10 月 31 日，一所“面向未来”的学校，即海淀区教科院未来实验小学，在海淀区北部正式落成并投入使用。这标志着教育创新的新篇章的开启。

海淀区教科院携手海淀区和平小学共同打造的未来实验小学，凭借海淀区教科院的科研实力和资源，致力于构建未来学校的教育理念体系。学校将在课程体系、教学方法、学生评价体系及学校管理等多个方面展开深入探索。目标是到 2023 年，初步打造一个具有未来教育特征的“绿色创新学校”，其中包括学习场景的相互融合、灵活多样的学习方式、弹性开放的学校组织结构、先进的教育技术及多样化的教育评价体系。

2020 年 10 月 31 日，海淀区教科院未来实验小学的启动仪式暨科技嘉年华活动，在和平小学杨家庄校区盛大举行（图 B–2）。海淀区教科院的吴颖惠院长和丁刚校长代表未来实验小学的全体师生，表达了对区校合作办学的坚定信念，并展望了学校美好的未来发展前景。

在启动仪式上，学生们通过管乐、快板、舞蹈、武术、朗诵等多种形式的庆祝展演，展现了他们的激情与活力。这些表演不仅表达了学校师生对新学校落成的喜悦之情，也展示了“和平人”对未来的憧憬和奋斗精神。

海淀区教科院与和平小学合作的未来实验小学，将成为海淀区未来教育探索与交流的重要平台。学校将积极邀请来自不同教育领域的专家和同人，进行深入的研讨和对话，集思广益，以推动海淀区未来教育的深入发展。作为人类共同追求的“未来教育”，是一项涉及学生终身发展的系统工程，它需要教育部门、研究机构、学校、家庭及社会的共同努力。我们坚信，在社会各界的高度关注和广大教育专家及实践工作者的共同努力下，海淀区未来教育的实践必将引领时代的潮流。

图 B–2　全体教师合影

合力精耕　共创未来

——温泉镇人大代表走进未来实验小学

2021 年 4 月 16 日清晨，温泉镇的领导和 20 位镇人大代表莅临海淀区教科院未来实验小学，开展了一次半日考察活动（图 B–3）。在丁刚校长的引领下，代表们巡视了学校宽敞明亮的教室、风格各异的专用教室、设施齐全的体育馆，以及食堂和走廊文化。他们还亲身体验了学校先进的信息技术教学设备。

在随后的座谈会上，丁刚校长向代表们深入阐述了学校的五育并举教育理念，如何科学地实现德智体美劳全面发展的教育目标，以及学校在管乐团、武术社团、人工智能、日语等领域的社团活动和课程特色。代表们普遍认同，和平小学杨家庄校区（未来实验小学）拥有清新环保的学习环境、现代化的设施设备、先进的教育教学理念、科学的课程设置及鲜明的办学特色。他们鼓励学校继续努力，成为民众满意的优质学校。

2021 年是“十四五”规划的开局之年，同时，和平小学也迎来了“北京市海淀区教科院未来实验小学”新校牌的揭幕。我们坚信，在各级政府的关心与支持下，学校的整体教育质量将稳步提高，未来实验小学这张新优质学校的金名片将更加耀眼。

图 B–3　学校领导干部与温泉镇人大代表合影

共建绿色校园　筑梦绿色未来

——海淀区绿色学校创建专家评审组到我校开展评估验收工作

为了深入实施习近平生态文明思想，我校致力于在校园内宣扬绿色发展理念，强化生态文明教育，提高师生的生态文明素养。2021 年 10 月 26 日，由海淀区后勤管理中心的邓嘉老师、中华环境保护基金会小康幸福工程办公室主任李京华、北京教科院的王鹏老师、温苏学区资源统筹部部长王桂英、学区绿色创建负责人许晓宁等组成的绿色学校创建专家评审组莅临我校，对我们的绿色学校创建工作进行了评估验收。我校书记兼校长丁刚、副校长甄海波及后勤负责人王红心、米宝文等校领导热情接待了评审组，并详细介绍了我校绿色学校创建工作，陪同评审组进行了现场检查验收。

丁刚校长做了关于创建绿色学校的工作汇报（图 B–4）。他结合学校的育人目标，阐释了学校坚持倡导绿色生态理念、建设美丽校园的努力。他从“建立完善管理体制，确保学校绿色运行”“构建生态文明样态，推动学校蓬勃发展”“关注环境问题，培养未来的合格公民”等方面进行了详细汇报。

在汇报中，丁刚校长强调：“绿色是生命的颜色，关注环保，就是关注生命，关注未来！”近年来，我校依据绿色学校的标准，制订了切实可行的创建计划，进行了工作部署，增加了专项资金投入，改善了环境设施和环境教学设施，确保了绿化建设和环保教育的有效实施。我们还注重收集和整理环境教育材料，编写环境教案，并积极利用周边环境优势，从实际出发，从小事做起，关注环境、转变理念、引导行为，使全校师生更加关注自然、关注环保，形成了充满绿色氛围和生命气息的校园文化，即绿色的校园、绿色的课程、绿色的理念，将创建工作落到实处。

专家们分组进行了评估验收工作。第一组专家与现场教师和学生代表进行了座谈，并现场发放调查问卷，开展了书面评估工作。第二组专家在学校实地走访考察，亲身体验了我校绿色学校创建的成果。

最终，专家们一致通过了我校绿色学校的验收，并对学校的付出给予了高度评价。丁刚校长表示，创建绿色学校是一个持续的过程，而不是终点；

开展绿色教育是一个动态的过程，而不是一个静态的结果。绿色学校的发展是一个长期的、持续保护和发展的过程，没有最好，只有更好。我们将继续在学习中探索实践，在学习中创新发展，确保“创绿”活动充满时代感和生命力，让绿色在和平小学师生心中生根发芽，共同筑梦绿色未来。

图 B–4　丁刚校长进行创建绿色学校的工作汇报

融美育心　创美未来

——举行 2023 海淀区教科院和平未来实验小学美育建设研讨会

融美育心，创美未来——2023 海淀区教科院和平未来实验小学美育建设研讨会于 2023 年 11 月 24 日盛大召开。此次研讨会由北京市教育学会美育专业委员会与北京市海淀区教育科学研究院联合主办，以“和乐 · 创新”为主题，旨在构建学校美育体系。会议在海淀区教科院和平未来实验小学举行，围绕“融美育心，创美未来”的主题，展示了学校作为海淀区教育科学“十四五”规划群体课题“中小学美育体系构建与实施的研究”课题校的成果。此次会议吸引了 200 位领导、教师及家长代表积极参与。会议由副校长甄海

波主持，与会领导包括北京市海淀区教育科学研究院美育研究中心主任，北京市教育学会美育专业委员会副理事长，海淀区美育群体课题负责人，正高级、特级教师赵方军；温泉苏家坨学区副主任黄秋燕；海淀区中学音乐资深教研员李金祥。此外，到场的专家点评嘉宾包括北京市正高级教师、特级教师，海淀区名师工作站美术学科导师组组长张尊高；北京市特级教师，海淀区美术学科督学组组长张宏旺；海淀区美术学科督学、海淀区教科院美育研究中心科研员万璐璐。会议以 15 节美育研究课的现场展示拉开序幕，内容涵盖语文、数学、英语、音乐、舞蹈、书法、美术等学科，展示了学校在创新融合特色课程、非遗课程、融合课程方面的丰富成果，全面呈现了学校美育课程体系的建设情况。

和平未来实验小学书记兼校长丁刚在主会场发表了主旨演讲，汇报了学校基于“和乐・创新”文化进行美育体系构建与实施的研究进展和工作实践（图 B–5）。副校长李远辉、副主任李宁分别就“有趣的葫芦”“奏响童年的绿音”进行了美育案例汇报，分享了学校富有成效的实践案例。主会场展示了学校在将美育融入课堂、推动多学科融合、促进教师发展及助力学生成长方面的扎实工作。

图 B–5 丁刚校长在研讨会上发言

携手三年育硕果 协力同心向未来

——进行海淀区教科院和平未来实验小学三年成果汇报

为进一步发挥海淀区教科院未来学校教育集团的引领辐射作用，梳理育人经验，总结办学特色，提升教育集团教学质量，2023 年 11 月 25 日，我校如期举办了“院校携手，奋力打造面向未来的现代化优质学校——海淀区教科院和平未来实验小学三年成果汇报”，全面展示了院校合作办学三年来的教育发展成果，共同展望了学校未来发展的新蓝图（图 B–6）。本次活动主要包括“艺术社团展演、三年办学成果展示、主题报告、科研报告、三年办学成果表彰、圆桌访谈、领导寄语、教师诗朗诵”几项内容，活动由海淀区教科院副院长燕海霞主持。

活动伊始，在民乐社团的演奏中拉开了本次活动的帷幕，接下来舞蹈社团、合唱社团轮番登场为大家进行展示。孩子们精彩的表演、优美的舞姿、深厚的唱功赢得了现场嘉宾的一阵阵掌声。同时也让大家感受到了我校秉承着五育融合的教育理念，将美育建设落实到社团活动中，多样化的艺术社团活动，让学生陶冶情操，展示自我。10 分钟的视频记录着教科院与学校三年来共同走过的教育路，也让我们感受到了师生的进步与成长。

海淀区教科院和平未来实验小学书记兼校长丁刚以“院校携手，奋力打造面向未来的现代化优质学校”为主题，从高质量的党建引领、校园文化建设、“大主题”德育观、“和乐”课程体系、信息技术赋能高效课堂及推进三方五维“和乐评价”等 6 个方面做全面总结汇报，回顾了学校三年来的发展历程，肯定了与教科院的合作办学对于推进我校教育教学改革及信息化建设的促进作用，明晰了学校后续的发展方向。海淀区教科院院长、海淀区教科院未来学校教育集团总校长吴颖惠充分肯定了学校这三年的发展，鼓励学校继续扎实做好教育教学工作，培育更多优秀的教师，为进一步提高教育教学质量而努力。同时吴院长表示，海淀区教科院未来学校教育集团能够基于学校的办学基础和优势，发掘学校的“生长点”，吸引和整合更多的内外部资源，为学校发展赋能，促进学校实现跨越式发展。温泉镇人大主席王志军、海淀区教委副主任吴瑾依次进行了讲话，表示往昔美好的“和平”让人十分怀念，如今奋进的“和平”让人信心倍增，未来理想的“和平”让人非常憧憬。

图 B–6　海淀区教科院和平未来实验小学三年成果汇报留影

【教科研】

携手聚力再出发　和平征途向未来

——海淀区教育科学研究院
吴颖惠院长莅临我校并开展讲座

2021 年 9 月 22 日，和平小学荣幸地迎来了海淀区教科院院长吴颖惠的莅临。她与我校全体教师分享了“合作开展办学研究 奋力建设未来学校”的丰富教育资源。

2020 年 10 月，和平小学与海淀区教科院携手合作，成立了北京市海淀区教科院未来实验小学。作为海淀区教科院的科研实验基地，和平小学将融合其多年积累的绿色办学理念，从办学思想、课程设置、师资培训、学习方式到教育管理等多方面，引入“未来学校”的创新理念，致力于打造一个基于项目式学习的未来学习社区。

吴院长从教科院的职能定位、面向未来的现代教育、技术重塑未来学校及未来教育需要新型教师 4 个维度，向全体教师深入阐述了未来学校的办学理念（图 B–7）。她引领大家全面而前瞻性地理解“学校”的核心职能，并强调技术在教育发展中的关键作用。她指出，恰当运用技术可以丰富学习体验，使学生成为数字化的创造者、批判性思考者和问题解决者。同时，技术还能助力教师提升教学技能和促进同伴间的合作。然而，她也着重强调，技术无法取代教育的根本使命——培养追求真理、善良和美的学生。她热切期望全体教职工能够积极拥抱未来，而不是被动等待，致力于将未来实验小学建设成为一所现代化且充满书香、重视品德教育的学校。

和平小学将与海淀区教科院紧密合作，将资源深度整合。全体教师也将全身心投入，积极提升自我。我们已经做好准备，携手并进，再次出发。我们坚信，在“和平”的道路上，未来充满希望！

图 B–7　吴颖惠院长为我校教师进行讲座

课题引领，以研促教

——我校召开了海淀区“十四五”
教育科学规划课题开题论证会

2022年4月14日清晨，我校成功举办了海淀区“十四五”教育科学规划课题开题论证会。本次会议特别荣幸地邀请到了海淀区教育科学研究院科研管理所宋永健副所长，以及区级“十三五”规划第二轮课题负责人吕丹老师和区级“十四五”规划首轮课题负责人范瓅文老师，他们作为指导专家莅临现场。我校丁刚校长、张禹副校长、课题负责人及参与课题的教师团队共同出席了此次开题会议（图B–8）。

论证会由尹彧老师主持，丁刚校长首先发表了讲话。他期望全体教师能够借助本次课题研究的契机，提高教科研能力，增强课题研究意识，并以此推动教学质量的提升。

在开题汇报环节，5位课题负责人——高金新、马振鹏、胡静、李宁和尹彧依次进行了发言。他们对研究的背景、文献综述、研究目的及意义、研究目标、概念界定、研究内容、研究方法、研究思路与步骤、预期成果等方面进行了详尽的陈述和解析。

在随后的专家点评与交流环节，3位专家首先对教师们在课题申报立项过程中所展现出的深入研究给予了肯定。接着，他们建议教师们结合实际工作中的具体问题，进一步聚焦研究主题，明确研究的落脚点，并围绕研究目标进一步明确和细化研究内容。

开题论证会的目的是确保科研质量，帮助教师们树立信心，厘清研究思路，把握研究的关键点和难点，有序地推进课题研究，从而提升课题研究的质量。随着本次论证会的成功落幕，我们坚信我校的教师们将继续深入地推进研究工作，充分发挥课题研究对学校、教师及学生发展的积极作用。

图 B–8 开题论证会参会人员合影

【教学】

携手并肩　共赢未来

——和平小学与河北赤城田家窑中心小学举行"手拉手"活动

2022 年 10 月 16 日，和平小学的 6 位代表在丁刚校长的带领下，访问了位于河北省赤城县的田家窑中心小学。田家窑中心小学的校领导向我们详细介绍了学校当前的状况。丁刚校长表达了期望，希望通过这次交流活动，双方能够达成互相帮助、共同学习的共识。鉴于和平小学与田家窑中心小学所处的环境相似，我们相信这次"手拉手"活动将成为促进两校共同发展的良好契机。

副校长甄海波、德育主任胡静及教学主任尹彧也简要阐述了学校的办学理念和教育教学的总体情况。田家窑中心小学的高森校长及教师团队对和平小学此次的教育支持和帮助表示了衷心的感谢。

在赠书仪式和合影留念之后，和平小学的区级学科带头人巩丽娟老师和区级骨干教师李瑞玲老师分别为四年级和六年级的学生授课（图 B–9）。这次交流活动不仅拉近了两校之间的距离，还为教师们在交流学习过程中相互借鉴、共同提升提供了强劲推动力。未来，两校计划在教学管理、教研教改等多个方面进一步加强合作，最大限度地实现资源共享，充分发挥“手拉手”活动的桥梁作用，携手并进，共创美好未来！

图 B–9　巩丽娟老师为田家窑中心小学学生授课

青春无悔 · 砥砺前行
铿锵玫瑰 · 傲然绽放

——举办和平小学青年教师教学分享会

新学年伊始，我校的青年教师便积极备战海淀区世纪杯比赛，并热情参与国家中小学课程资源的录制工作（图 B–10）。他们持续学习，不断提升自我，在反复磨课和深入探究的过程中实现自我蜕变，成为教师团队中的领航者和榜样。2022 年 11 月 24 日，我校成功举办了和平小学青年教师教学分享会，李雪娇、张莉冰、丁洁、李宁、滕昱、李瑞玲和尹彧 7 位青年教师与我们分享了她们的成长经历。

本次活动以“立足学生健康成长，提升学科育人能力”为主题，参与分享的教师均能将学科素养巧妙融入精心设计的各教学环节，课堂内容丰富多彩，教师的综合素养也在活动中得到了充分展现。实际上，青年教师的快速成长离不开团队的支持。他们的背后是多个学习型的教研团队，团队成员间相互信任，共同协作，备赛期间经历了无数次的磨炼与探索，这使得青年教师在团队的助力下迅速成长。

在活动最后，丁刚校长向和平小学的青年教师致以寄语。他期望我们的青年教师能够继续发挥引领和示范作用，以充满活力和积极进取的精神状态，追求职业的快乐；同时，保持谦逊，心怀感恩，脚踏实地地完成个人成长规划，让青春无悔，勇往直前。

图 B-10　滕昱老师参与国家中小学课程资源录制

凝心聚力共筹谋　调研指导促成长

——北京教育科学研究院基础教育教学研究中心等一行到校进行学科教学听评课活动

为了提升学科教学品质并助力学生高效学习，2021 年 5 月 6 日，我校荣幸地接待了来自北京教育科学研究院基础教育教学研究中心及海淀区教育科学研究院的 20 多位教研员、科研员和专家，他们参与了我们的学科调研听评课活动（图 B–11）。此次活动覆盖了数学、体育、英语及道德与法治 4 个学科，共计 7 节课。孙华、魏春媚、滕昱、尹彧、高金新、王震雨、王佳等教师展示了他们的课堂教学。

听课环节结束后，专家们与授课教师就教学理念、教学设计、教学目标及学科核心素养等关键领域进行了深入的交流。他们对课堂教学进行了全面、具体、细致的评价和指导。专家们对教师的专业能力和扎实的课堂教学表现给予了高度评价，并向授课教师提出了宝贵的建议和期望。

本次教学听评课调研活动旨在进一步优化教学常规管理，切实促进教师的专业成长，从而推动学校教学质量达到新高度。

图 B–11　我校教师与专家合影

智慧教室呈现双师课堂

——四校举办远程同步课“福满中华”

我校携手北京市八一学校、昆明市实验中学及首都师范大学附属中学，共同举办了一场别开生面的线上教学活动。这堂课是专为课后服务设计的艺术课程，它巧妙地将美术、书法、非物质文化遗产、科技和博物馆学等多学科知识融为一体，主题定为“福满中华”（图 B–12）。

本次活动标志着一次创新的尝试，通过线上直播的形式，实现了跨地域、跨学校、跨学科和跨学段的教育交流。我校的书法教师李宁和美术教师冯彬，带领着书法社团和葫芦社团的 31 名学生积极参与其中。

在这次云端的相聚中，来自 4 所学校的教师们通过互动的方式，将问题抛砖引玉般传递给不同课堂的学生，实现了云端的互动解答，使得学习氛围既生动又活跃。接着，4 所学校的学生们通过制作美术工艺品和书法作品，以不同的形式展示了他们的才华。教师和同学们互相点评，各课堂的教师也进行了总结，为这堂课后服务课程画上了圆满的句号。

来自北京市海淀区教育科学研究院美育研究中心的万璐璐老师，为大家深入讲解了这堂课，并指出此次实践为全国教师开启了一种全新的教学模式，具有深远的意义。随后，万老师从 4 个维度详细阐释了本节课的设计理念和思路。

本次活动不仅是一次信息技术与传统文化的融合，也是线上活动与课堂实践的完美结合。它为线上直播课和双师课堂提供了新的思路和方法，丰富了课后服务的形式，拓展了教师的教学方法和手段，激发了学生的学习兴趣，为未来的课后服务课程树立了优秀的典范，让课后服务的形式更加多样化。

图 B–12　课后服务课程展示

高金新老师在第八届高质量课堂展示活动中获得“最佳创新研究课”

2023 年 3 月 20 日，第八届高质量课堂展示活动隆重开幕，其核心宗旨在于全面实施党的教育方针，确保立德树人的核心任务得以落实，同时提升课堂教学质量，推动教师队伍的专业成长。

为了在此次活动中展现我校的教学成果，高金新老师精心准备了五年级体育课程“体前变向换手运球”。在丁刚校长和张智副校长的领导下，我校体育组的教师们进行了深入的教研工作，细致地探讨了每一个教学环节，并针对远程教学可能遇到的挑战进行了周密的预测和准备，力求在活动中展示出高质量的教学水平。

在 2023 年 3 月 24 日这一天，高金新老师在重庆谢家湾学校五年级 15 班的课堂上执教了这节体育课（图 B–13）。他以五年级学生的小篮球技能为基础，通过复习原地运球，设计了多种情景和游戏，让学生们循序渐进地掌握体前变向运球的技巧，体验运球和控球的要领，从而逐步提升他们的运动技能。此外，高老师还运用探究式小组合作和启发式学习方法，激发了学生的团队协作意识，培养了他们顽强拼搏的精神，使整节课达到了高潮。

本次活动不仅显著提升了我校体育课堂的教学品质，也为我校年轻教师的成长树立了榜样。我们将以此次活动为契机，继续努力提高课堂教学质量，优化育人环境，深入贯彻立德树人的教育目标，助力学生的全面发展。

图 B-13　高金新老师为重庆谢家湾学校学生授课

播种希望　收获精彩

——举行“我的种植园”开园仪式
暨五一劳动周启动仪式

2023 年 5 月 5 日，我校隆重举行了“我的种植园”开园仪式暨五一劳动周启动仪式（图 B-14）。仪式伊始，丁刚校长宣布和平小学“我的种植园”正式开园，并激励学生们积极参与劳动实践，亲近自然。他强调了将理论知识与动手能力相结合的重要性，鼓励学生们在劳动中展现所学，不畏艰辛，勇于挑战自我，通过实践不断强化自身能力，并在劳动中感受成功的快乐。他希望和平小学的种植园能见证大家的成长。

学生代表随后提出了倡议，并感谢学校为他们提供了校园农场这一平台，使他们有机会提升动手能力，增加社会实践经验，丰富学习生活。他们将种子的萌发比喻为启航时刻，将幼苗的成长比喻为破浪前行，而果实的收获则是抵达目标的象征。

伴随着同学们热烈的掌声，校外种植基地的专家郝老师为同学们带来了精彩的种植知识讲座和培训。

科学老师刘老师详细介绍了种植活动的安排，包括播种、移栽、施肥、松土、除草、收获及撰写观察日记等环节。每个班级还为自己的小菜园起了名字，并设计了班牌。刘老师特别强调，在活动过程中，同学们必须注意安全，正确使用工具，并且要服从指导。

仪式圆满结束后，同学们怀着激动的心情步入种植园，在各自班级的种植区开展了种植活动。他们满怀希望地播下了种子，期待着未来能收获丰硕的果实。

图 B–14　尹彧主任在“我的种植园”开园仪式暨五一劳动周启动仪式上进行方案解读

京蒙教育情，携手向未来

——内蒙古赤峰市红山区干部、教师来我校跟岗交流

为了实施国家推进的“京蒙帮扶”战略，落实区教委和区教科院的会议精神，海淀区教科院和平未来实验小学承担了第二批干部、教师即红山区干部、教师的进京跟岗培训任务。2023 年 5 月 22 日清晨，33 位来自赤峰市红山区的杰出干部、教师抵达我校，开始了为期一周的跟岗培训。在此期间，我校干部、教师热情分享了先进的教育理念、校园文化和制度管理经验，并邀请京蒙教师积极参与教学研究活动。这次跟岗培训促进了双方的交流与合作，其间双方共同探讨了教育教学的最佳实践和方法，为教育事业的发展贡献了力量。

丁刚校长向大家介绍了学校的整体情况和院校合作办学的经验，张智校长则介绍了和平校区的基本情况，王主任随后分享了低年级学生习惯养成的策略。在学习过程中，跟岗教师通过参与教研活动、听课、面对面交流和自主学习等多种形式的研修，深化了对教育的热爱，明确了学习目标，学会了合作与借鉴，培养了成长型思维，增强了返岗工作的创新力。

在丁刚校长的陪同下，5 月 25 日上午，跟岗教师参观了海图北馆，并与我校图书馆的志愿者进行了互动，深入了解了“图书馆志愿服务”课程。该课程作为我校劳动教育课程的一部分，旨在培养学生的服务精神，并致力于培养具有家国情怀和责任感的新时代青少年。

5 月 25 日下午，中国教育科学研究院未来教育研究所副所长曹培杰为我们带来了关于未来学校建设的精彩讲座。曹博士的讲座内容丰富、深入浅出，引人深思。他强调，在人工智能时代，我们必须勇于创新，促进校内师生的协作，以不断提升学校教育质量。在体育馆同步开展了高年级学生综合实践学习汇报活动。学生们积极参与，勇于探索和表达自己的想法，给在场的每一位老师留下了深刻的印象。此外，丰富多彩的社团展演也给跟岗教师留下了深刻的印象，丰富了他们的参观体验（图 B–15）。随后，尹老师还做了关于学校课程建设的主题汇报。

5月26日，跟岗教师与我校四年级学生代表一同参观了大觉寺，聆听了小小讲解员的介绍。

在跟岗学习总结分享会上，跟岗教师们分享了自己对于本次活动的感悟，对学校细致的培训安排、教师们严谨务实的态度和教学热情、各具特色的教学风格及井然有序的管理表示赞赏。他们深切感受到了学校对教师职业发展的关注和支持，并表示将带着严谨的治学态度和师者的榜样精神回到自己的工作岗位。

5月27日上午，跟岗干部、教师参观了敬德书院，并参与了2023年敬德会讲暨海淀教师育人故事讲述系列活动，从优秀传统文化中汲取精神力量和教育智慧，弘扬师道文化传统，培养新时代的优秀教师。

在这几天的交流中，我们心连心、手拉手，加深了彼此之间的了解和信任。来自内蒙古赤峰市红山区的跟岗干部、教师返回自己的学校，我们真诚地祝愿他们能够将在这里学到的先进理念和可借鉴的教育教学方法应用到自己的工作中，并通过自己的努力，为教育事业做出更大的贡献。

图 B–15　社团学生和内蒙古赤峰市红山区干部、教师合影

共研共建　同心逐梦　齐绘“疆”来

——和平小学赴新疆和田市伊里其乡肖尔巴格村小学送课纪实

我校积极落实教育部及地方教育部门关于教育援疆的相关文件精神，与新疆和田市伊里其乡肖尔巴格村小学建立了深厚的友谊。为了加强两校之间的交流与合作，优化教师之间的互动与学习，促进教育资源的共享和深入合作，由书记兼校长丁刚率领，包括教学主任尹彧、教研组长李瑞玲及数学教师丁洁在内的四人代表团，于 2023 年 6 月 11 日至 6 月 14 日前往和田，开展了“手拉手”结对共建联合教育教学活动。

6 月 11 日下午，和平小学的支教团队抵达了风景如画的和田，肖尔巴格村小学的王国娟书记为远道而来的老师们举行了简朴而热情的欢迎仪式（图 B–16）。

6 月 12 日上午，在党支部书记王国娟和校长杨强的引领下，我们参观了学校，深入了解了学校的概况、学生的学习状况、办学理念及校园文化等。

在正式开展教育教学帮扶活动之前，我们与肖尔巴格村小学联合举办了爱心捐赠仪式。丁刚校长向肖尔巴格村小学的学生捐赠了学习用品和课外书籍，两校师生共同见证了这一温馨的时刻。丁刚校长代表和平小学全体师生向和田的同学们致以美好的祝福，期望他们健康成长，与书籍为伴，享受美好的童年时光。

“文化共融、课程共创、教研共促、资源共享、质量共进”是我们此行的核心目标。为了确保交流活动的有效性，我们安排了亲身体验日常校园教育生活的机会，以及具有指导意义的课堂听评课展示，确保参与活动的干部和教师能够全面了解“手拉手”学校的教育教学现状，并有针对性地提供支持与帮助。

6 月 13 日上午，第二轮教研活动由我校教师送教进校。李瑞玲老师在三年级 1 班开展“我们的传统节日”英语学科实践活动，通过图片展示、小组讨论和戏剧游戏等互动方式，学生亲身体验了传统节日习俗。丁洁老师在一年级执教“有趣的数学”，通过一系列有趣的游戏和活动，帮助学生认识各种图形和运算规则，使他们感受到数学在日常生活中的应用，以及数学与现实世界的紧密联系。尹彧老师为六年级2班的学生带来了一堂别开生面的古诗教育戏剧体验课。她创设了“梦幻大唐”的情境，让学生扮演不同角色，演绎唐朝诗人王维的少年生活、离乡背井及给家人写信等场景，让学生深刻体会到王维对家乡和亲人的深切思念。

在前往和田之前，和平小学的全体师生都为这次“手拉手”活动贡献了自己的力量。同学们捐赠了1000余册书籍，每本书籍都承载着一份情感，书香和爱心在两校间传递。

尽管本次送课活动路途遥远，但两校心心相印，手牵手，我们感到彼此非常亲近。回顾这几天在援疆工作中的点点滴滴，虽无豪言壮语，却让老师们感慨良多。

通过送课进校园，我们共同进步，助力成长。本次送课活动不仅积极推动了援疆工作的深化，也是学校思想政治教育和民族团结进步教育的重要实践方式之一。

图 B-16　和平小学教师代表与新疆小学师生合影

【德育】

携手共育，启航未来

——和平未来实验小学开展家校共育系列讲座活动

我校在开展家校共育系列讲座的工作中，重点强调以下几点：持续优化三级家校社协同体系；构建高质量的家庭教育指导课程体系；努力提高我校德育工作的实际效果；提升教师在家庭教育指导方面的能力；深入探究不同家庭教育的成功案例。我校举办的家校共育系列讲座课程，通过腾讯会议平台进行线上交流，覆盖从一年级至六年级的学生家长（图 B-17）。六年级组

图 B-17　家校大讲堂系列海报

的李静老师主讲“家长如何陪伴孩子度过青春期”，五年级组的赵静老师探讨“架起沟通的桥梁——谈如何与孩子有效交流”，四年级组的刘晶老师分享“为孩子心理护航——如何帮助孩子管理情绪”，三年级组的王亚卓老师讲述“陪孩子走过上下衔接转折期”，二年级组的贾丹老师提出“养娃要有松弛感”，一年级组的张继军老师阐述“播种好习惯，成就好未来”。6 位老师的精彩演讲获得了家长们的广泛赞誉，他们认为这些教育经验与实际生活紧密相关，具有很强的指导意义。在此，我们向 6 位主讲老师及各年级组老师的智慧贡献和辛勤工作表示衷心的感谢，这标志着我们在家校社协同育人的道路上迈出了坚实的步伐。

以少年之我，筑强国未来

——海淀区教科院和平未来实验小学举行少先队代表大会暨红领巾颁章仪式

2024 年 4 月 26 日，海淀区教科院和平未来实验小学隆重举行了以“以少年之我，筑强国未来”为主题的少先队代表大会暨红领巾颁章仪式（图 B–18）。此次活动旨在共同庆祝中国少年先锋队成立 75 周年，回顾其与祖国母亲并肩走过的七十五载春秋，见证无数荣耀与挑战。活动邀请了温泉苏家坨学区总辅导员张笑荧及我校校级家委会家长代表参与。各年级联合中队依次报告人数，三年级至六年级中队长向大队长汇报，大队长再向大队辅导员汇报。仪式上，学生代表出旗、升国旗并奏响国歌，全体师生共同高唱《中国少年先锋队队歌》。德育老师李老师就本学年德育及少先队工作向大会做了报告，内容涵盖 6 个方面：改进德育工作方法，提升管理效能；持续开展基本功培训，提升教师专业水平；紧跟时代步伐，促进学校德育与少先队工作全面发展；加强学校与家庭的联系，形成教育合力；精心筹备并积极参与各类活动与竞赛；注重评价体系，落实和乐评价方案。大队辅导员徐莹老师宣读了表彰决定，公布了二星章、三星章学生名单和四星章个人与集体名单，以及海淀区“红色小传人”、温苏学区“西山好少年”特色章的获得者名单。

我校少先队员代表、北京市三好学生、北京市“红领巾奖章”四星章获得者李炜熙同学在会上发言，分享了自己的学习心得。丁刚校长随后发表讲话，向在场师生表达了殷切的希望与美好的祝福。我校特色社团也展示了精彩的表演，包括“未来”合唱团带来的《撒尼少年跳月来》《翼舞少年》，六（2）中队带来的《田野在召唤》《敕勒歌》，啦啦操社团带来的《青春律动》，以及一年级、二年级学生代表带来的舞蹈《出水莲花》。大队辅导员徐莹老师带领全体少先队员进行了呼号。和平行进管乐团的精彩演出《葫芦娃》为活动画上了圆满的句号，在他们的演奏中，同学们感受到了无尽的力量与希望。

图 B–18　少先队代表大会

喜迎二十大　永远跟党走　奋进新征程

——海淀区和平小学喜迎二十大·国庆节庆祝活动

为了庆祝国庆节的到来，并向祖国母亲表达我们的敬意与祝福，和平小学杨家庄校区精心策划了“喜迎二十大　永远跟党走　奋进新征程”主题教育系列活动。在温暖阳光的照耀下，校园洋溢着节日的喜悦，四年级学生以诗朗诵《我和我的祖国》开启了这一系列庆祝活动（图 B–19）。同学们满怀深情地表达了对祖国的热爱和赞美，为国庆节增添了独特的色彩。

四年级 4 班的同学们以舞蹈《祖国祖国》展现了他们的爱国情怀，五年级的学生则通过英文读者剧场和 2 班的双簧表演《放鞭炮》带来了欢乐与活力。活动的高潮部分是全体师生齐声合唱《我和我的祖国》，激昂的歌声传递着对祖国母亲的深情祝福，表达了对党和祖国的无限热爱。在庄严而深情的旋律中，学生们展现了作为祖国未来希望的光辉形象。

一面五星红旗，象征着 14 亿中国人民的赤诚之心。随着 2022 年国庆节的临近，为了隆重纪念中华人民共和国成立 73 周年，进一步加强爱国主义教育，并热烈迎接党的二十大胜利召开，学校特别举办了“我与国旗合个影”主题教育活动。

图 B–19　四年级学生进行诗朗诵

传承志愿服务精神，争当杰出志愿者典范

海淀区教育科学研究院和平未来实验小学与雷霆应急救援志愿服务队携手合作，共同举办了小志愿者服务活动。本次活动由雷霆应急救援志愿服务队的教师负责指导，我校四年级、五年级、六年级的志愿者学生代表参与了上山及运河边的垃圾清理工作。在每次活动中，学生代表均进行了志愿

服务活动的宣讲，之后在家长的陪同下，小志愿者们上山开展了志愿服务（图 B–20）。持续 3 个多小时的志愿服务活动是一项极具社会价值的公益活动，学生们通过实际行动清理山区垃圾，保护自然环境，同时增强了自身的环境保护意识。在活动过程中，小志愿者们遵循既定路线，仔细捡拾散落的垃圾，包括纸巾、饮料瓶、塑料袋等杂物。他们不畏脏污、不惧辛劳，一丝不苟地将垃圾清理干净。此次活动不仅考验了志愿者的体能和耐力，更彰显了他们无私奉献的精神。捡拾垃圾的志愿服务活动具有深远的意义，它不仅能够改善周边的环境卫生状况，减少对自然环境的污染，还能引导公众关注环保议题，提升公众的环保意识。通过参与此类活动，学生能够更深刻地认识到环保的重要性，并学会珍惜和爱护自然环境。

图 B–20 志愿者服务活动

【国际交流】

学以致和　习以成乐

——举行首届“国际理解教育”启动仪式

2021 年 5 月 24 日清晨，海淀区和平小学（海淀区教科院未来实验小学）隆重举行了首届“国际理解教育”启动仪式。为了进一步促进两校学生在文化、艺术和友谊方面的交流与互动，我们以“学以致和、习以成乐”为宗旨，鼓励学生在轻松愉快的氛围中实践“学有所用、学以致用”的理念。通过外语的实践运用，促进学生之间的沟通，帮助他们在积极向上的环境中拓宽国际视野。

校长丁刚在致辞中强调，国际理解教育是学校教育特色之一。通过举办外语节，营造更加浓厚的外语学习氛围，强化学校的外语教学特色，并鼓励学生体验不同的文化。我们希望通过一系列丰富多彩的外语活动，激发学生自信地展现自我，成为促进中外友谊的小使者，培养具有全球视野的人才。

在启动仪式上，学生们激情演唱了外语歌曲（图 B–21），美术教师冯彬与学生共同创作了葫芦绘画，并向交流大使赠送了精心准备的礼物。文明因多样而交流，因交流而互鉴，因互鉴而发展。国际理解教育不仅为学生提供了展示外语才能的平台，更是对传统外语课堂学习的拓展和延伸。我们期待“和乐”学子们能够追求卓越，展现自己的独特风采。

图 B-21　学生在启动仪式上演唱歌曲

中日少年迎冬奥　我们一起向未来

——国际理解教育线上活动

2021 年 12 月 6 日，随着北京冬奥会的临近，一场名为“中日少年迎冬奥，我们一起向未来”的四校联动线上趣味互动活动正式拉开序幕。本次活动由北京市海淀区和平小学牵头举办，目的是促进中日两国学生之间的交流与学习，并为冬奥会的选手们加油助威，同时为北京这座“双奥之城”增添助力。

参与此次互动活动的其他 3 所学校的人员包括日本横滨市立小机小学五年级 1 班的师生、北京日本人学校的师生代表，以及和平小学支教教师胡静所在的内蒙古敖汉旗新惠第九小学的师生代表（图 B-22）。此外，活动也吸引了北京冬奥组委新闻宣传部的关注，并得到了中国国际青年交流中心日本联络部李小秋部长的大力支持。李部长向中日少年们传达了她的期望，希望他们能在活动中共同畅想冬奥，体验奥林匹克精神，深入理解奥林匹克文化。海淀区教科院闫顺林主任也向活动发来了祝福，他强调了通过冬奥会这一契机，促进大家对不同国家和地区文化的了解，推动学校文明建设，强化师生的健康意识、拼搏精神和艰苦奋斗的品质。

在冬奥知识趣味问答环节，四校师生了解了北京冬奥会的举办时间、吉祥物、奖牌、场馆名称及口号等信息。互动活动的高潮部分是“比画猜——冬奥项目”，在这一环节中，花样滑冰、冰壶、雪橇、冬季两项等冬奥项目通过学生们欢快的肢体动作被生动地展现出来，现场气氛热烈，师生们的参与热情高涨。

在“中日少年·携‘冬’奥”环节，中日四校的学生们共同参与了仿写冬奥会徽设计理念中的“冬”字，各校的领导和教师则书写了对冬奥会成功举办的美好祝愿及对中日青少年交流的期望。海淀区和平小学特别准备了学校非物质文化遗产传承工艺品——葫芦烙印画，以“筑梦冰雪，相约冬奥”为主题，为活动增添了独特的文化色彩。

活动的尾声是“祝福健儿·助力冬奥”环节，海淀区和平小学的学生们用一曲《冰雪情怀》表达了对两国运动健儿的祝福和支持，共同为祖国的运动健儿加油。

图 B–22 参与此次活动的师生合影

【家校合作】

家校聚力谋发展 携手共创新未来

为了构建学校教育与家庭教育之间的沟通桥梁，使全校家长更深入地理解海淀区教科院未来实验小学——和平小学新校区的教育理念和管理方式，帮助新生迅速且有效地适应新环境，2021 年 1 月 9 日下午，在新校区成功举办了以“携手聚力向未来”为主题的家长委员会活动。

丁刚校长与家长们就学校的长远发展规划及新学期的核心任务进行了深入交流。接着，在丁刚校长和学校领导团队的带领下，家长们参观了校园，亲身体验了新校区的氛围，并对教室、食堂等设施的管理情况进行了细致的了解（图 B–23）。

此次活动有效地缩短了家校之间的距离。家长们普遍反映，学校正朝着积极的方向发展，充满活力，他们对此感到非常欣慰，并表示将全力支持学校的各项事业，关注并推广学校，真正体现了家校之间的“合作”与“同心协力”的和谐氛围。

图 B–23　丁刚校长引领家长们走进校园

家校合作齐努力，共育英才向未来

——和平小学三年级家长代表到校参观纪实

2021 年 9 月 23 日下午，我校杨家庄校区迎来了 70 余名三年级家长代表的参观访问。此次活动的主要目的是让刚踏入新校区的三年级学生家长更深入地了解我校的发展愿景及学生们的校园学习和生活状况，自报名启动以来，各班级的家长们都表现出了极大的热情。

活动于下午 4 点准时开始，在常务副校长甄海波的主持下顺利进行。主管教学的尹彧主任就“面向未来的学校”“和谐的课程设置”“丰富多彩的社团生活”等议题发表了讲话。接着，丁刚校长从宏观角度出发，就学校的长期发展和先进的教育理念进行了阐述，赢得了家长们的广泛认同。丁刚校长还真诚地邀请家长们为学校的未来发展提出宝贵意见和建议。在随后的环节中，家长们在领导的引领下参观了教学楼（图 B–24）。

学生的教育是家庭和学校共同的责任。学校的发展和学生的每一点进步都凝聚着每位教师的辛勤付出和每位家长的全力支持。愿我们携手合作，共同努力，培育面向未来的优秀人才！

图 B–24　家长参观专业教室

幼遇和平　未来可期

——和平小学幼小衔接课程

立新幼儿园大班的孩子们在家长们的陪同下和老师的引导下，前往和平小学未来实验校区进行参观和交流。丁刚校长及全体教职员工对幼儿园师生和家长们的到来表示了热情欢迎。

在老师们和同学们的引领下，孩子们步伐整齐地进入操场，在全校师生的热烈掌声中，他们站在了队伍的最前方，与同学们一同参加了庄严的升旗仪式。

高年级的同学为小朋友们表演了广播体操《七彩阳光》和自编操《老师老师》，他们动作规范、队列整齐，在欢快的音乐声中欢迎着幼儿园孩子们的到来。

孩子们随后参观了宽敞的体育馆，在那里他们观看了和平小学的宣传片，了解了学校的丰富课程和独特的“和乐”文化；同时，他们也观看了未来实验校区特色社团的展示。

丁刚校长对大班孩子们的到来表示了热情欢迎，并向所有幼儿园家长详细介绍了学校的特色（图 B–25）。他希望立新幼儿园大班的孩子们通过今天的实地参观和学习，能够更深入地了解小学的课堂和生活，为即将到来的小学生活做好充分的准备，并满怀信心地迎接它。

随着上课铃声的响起，孩子们首次踏入小学教室，亲身体验了小学课堂的氛围。在情景式和游戏化的教学中，成为优秀小学生的愿望在孩子们心中悄然萌芽。

图 B-25　丁刚校长向全体幼儿园家长介绍学校特色

尽管美好时光总是短暂的，但幼儿园的孩子们通过亲眼所见、亲耳所闻、亲身所感，近距离地感受到了小学校园生活的魅力。我们相信，在不久的将来，他们将能够自信而从容地步入小学校园，开启他们崭新的学习生活。

【学生活动】

音符的能量与和谐之音的共鸣

——记和平未来实验小学行进管乐团

管乐艺术展现了集体合作的独特魅力。和平行进管乐团历经 10 年的风雨历程，经历了从初创到成熟的蜕变。从最初的 40 余人发展至今，乐团成员已增至 160 人（图 B-26）。在这 10 年间，和平行进管乐团取得了丰硕的成果，荣获国际奖项 2 项、国家级奖项 6 项、北京市奖项 4 项及区级奖项 4 项。在 2015—2019 年连续 5 年的“中华杯”中国非职业优秀管乐团队展演中，乐团荣获优秀乐团和示范乐团的荣誉。2016 年，行进管乐团节目“Men of steel”

荣获北京市第十九届学生艺术节金奖。2018 年，乐团荣获北京市第二十一届学生艺术节暨海淀区中小学生艺术节行进管乐展演二等奖。同年，中国音乐家协会授予乐团“中国管乐发展突出贡献奖”。2021 年，乐团在津宝第六届音乐节暨第五届行进艺术大赛中荣获金奖。2019 年，我校作为海淀区 35 所学校之一，参与了国庆 70 周年庆祝活动的情景式表演，共有 46 名少先队员参与其中。近两年，行进管乐团更是成绩斐然，在北京市第二十五届学生艺术节暨 2022—2023 学年度海淀区学生艺术节行进管乐展演小学组荣获金奖，在海淀区第十届红领巾鼓号队风采展示活动中荣获金奖，在“中华杯”中国第十六届优秀行进管乐团队展演中荣获“优秀行进管乐团”称号。2024 年，在“日照东方”管乐嘉年华暨“中华杯”中国第十七届优秀管乐团队展演中，乐团荣获最高荣誉“示范乐团”称号；在津宝第八届音乐节暨第七届津宝行进艺术大赛中荣获金奖。

图 B-26　行进管乐团师生合影

和谐之声，向阳而生

——和平未来实验小学参与 2023 年海淀区学生艺术节合唱展演

海淀区教科院和平未来实验小学积极参与“阳光下成长——2023 年海淀区学生艺术节合唱展演”活动，派出班级队与校级队两支队伍参赛。清晨时分，教师、学生及家长志愿者齐聚音乐教室，为参赛学生进行化妆及赛前准备。

班级队来自获得“北京市先进班集体”“海淀区先进班集体”等荣誉的六年级 2 班，由班主任李静老师率领，38 名少先队员在指挥王一洋老师及钢琴伴奏章雅馨老师的指导下，全情投入（图 B–27）。校级合唱团则由近 60 名师生组成，包括学生指挥王月彤。2023 年 9 月初，在指挥陈颖老师及钢琴伴奏章雅馨老师的组织下，合唱团成立。众所周知，台上一分钟，台下十年功，为了更完美地诠释作品，队员们在陈颖老师的指导下，利用课后服务、社团活动、晨读等时段进行声音训练和作品打磨。即便身体有些许不适，学生们依然坚持参与排练，唯恐影响团队整体进度。大家精诚合作、有序协作和相互鼓励，充分展现了团队协作精神。在赛场上，学生们精神饱满，以婉转优美的歌声感动了在场的评委和观众，用音乐讲述了感人至深的故事，赢得了现场的阵阵掌声。

图 B–27　合唱团师生表演节目

传承中华武术，弘扬民族风采

——我校武术队在 2021 年北京市中小学生武术健身操比赛中喜获佳绩

北京市中小学生武术健身操比赛在八一学校隆重举办。我校由体育教师王震雨和葛岩率领的 38 名学生代表参加了此次盛会（图 B-28）。参赛队伍中，既有即将毕业的六年级老队员，也有充满活力的一年级新生，他们共同展示了《雏鹰展翅》《旭日东升》两套武术操及武术集体项目。在 2021 年北京市中小学生武术健身操比赛中，我校荣获二等奖的佳绩！学生们以饱满的热情和昂扬的斗志展现了他们的风采，彰显了自信与勇气。

中华武术，作为承载着千年传统文化的国粹，不仅历史悠久，而且内容博大精深，是中华民族传统的健身艺术。它不仅是传承民族文化、培育和弘扬民族精神的重要载体，更是青少年学习武术文化、培育和弘扬民族精神的重要平台。和平小学武术队成立多年，已成为我校最具特色的社团之一。少年强则国强，武术少年们前途无量。愿和平小学武术社团的孩子们继续努力，再创辉煌！

图 B-28　武术队成员合影

发扬冬奥精神　做新时代好少年

——和平小学举办奥运宣讲团系列活动

为了推广冬奥文化并传递奥林匹克精神，让更广泛的民众关注并参与其中，和平小学的冬奥宣讲团于 2021 年 10 月 16 日上午首次走出校园，踏入温泉镇文化服务中心，成功举办了冬奥文化宣传活动。尽管当天是入秋以来气温最低的一天，孩子们的热情和真诚却如同暖阳一般，温暖了在场的每个人。

在宣讲现场，孩子们借助幻灯片和视频，生动地向大家介绍了奥林匹克运动的历史、冬奥会的发展历程，并以趣味的方式普及了冬奥会和冬残奥会的会徽、吉祥物及办奥理念等知识（图 B–29）。团员们声情并茂地讲述冬奥故事，听众对这些小小宣讲员表示了赞赏与感谢，显而易见，现场的每个人都渴望了解和参与冰雪运动。

图 B–29　冬奥宣讲团活动

在冬奥知识竞赛环节，家长和社区居民也热情参与其中，共同体验了冬奥的趣味与魅力。孩子们还满怀激情地演唱了歌曲《冰雪情怀》，在动听的旋律中圆满结束了首次宣讲活动。活动结束时，我们共同表达了对冬奥的美好祝愿：一起向未来！一起迎冬奥！

实际上，这次宣讲活动的背后是 27 名学生近 10 天的辛勤努力。从接受任务的那一刻起，孩子们在王佳老师、尹彧老师及日语老师周痒宇的指导下，有条不紊地积极排练。王佳老师更是利用午休和课后服务时间，对每个孩子进行了细致的发音、动作和表情指导。

国庆节期间，同学们放弃了休息时间，全情投入到为运动员加油助威视频的录制工作中，该视频最终被北京冬奥组委新闻宣传部采纳。

这次活动不仅提升了孩子们的表达能力和自信心，还向友邻社区居民普及了冰雪运动知识，宣传了冬季奥林匹克文化。我们传承了冬奥精神，凝聚了多方力量，共同展望未来！

“武”出精彩 “艺”具匠心

传承与发展中华武术，使之更广泛地融入校园生活，从而有效地丰富校园文化，提升学生的体质健康，培育学生的集体荣誉感，以及展现他们自信、自立、自强的精神风貌。2022 年 8 月，和平小学武术社团的成员们荣幸地被邀请参与《国学传承人》栏目组委会与中国教育电视台共同举办的第三季《精忠报国》节目录制（图 B–30）。

本次活动由王震雨老师带队，共有 10 名武术社团的学生荣获“小小国学传承人”称号，他们充分展现了和平小学武术社团的卓越风采，为学校赢得了荣誉。我们希望所有同学都能以此为榜样，不仅学业优秀，而且身体强健。

“葫芦”课程一直是我校的特色项目，从科学课的种植葫芦、美术课的绘制葫芦，到音乐课的吹奏葫芦丝，一系列围绕葫芦的课程深受学生们的喜爱。在种植葫芦的过程中，学生们体验到劳动教育的快乐；在美术课上，他们感受到美育教育的愉悦。

图 B-30 武术社团参加《精忠报国》节目录制

2022 年暑假期间，海淀区和平小学葫芦社团的方艾、申珈荧、陈妍霓、张安琪、王梓妍 5 位同学的葫芦作品在稻香湖非遗展览馆展出，并荣获海淀区“非遗优秀作品奖”。葫芦社团的冯老师也荣获非遗“优秀指导教师奖”，和平小学则荣获非遗“最佳组织奖”。葫芦课程作为我校的一大特色，我们鼓励同学们以这 5 位同学为榜样，在葫芦工艺上尽情展现自己的智慧与才华。

和美与共　向阳花开

——海淀区教科院未来实验小学
六年级毕业典礼暨社团展演活动

2023 年 7 月 6 日下午 5 点 30 分，海淀区环山村航材院文化中心洋溢着喜庆的气氛，举办了题为“和美与共，向阳花开”的海淀区教科院未来实验小学六年级毕业典礼暨社团展演活动（图 B-31）。此次活动吸引了来自杨家庄校区、和平校区的近 1300 名领导、师生和家长代表的参与。

图 B–31 现场展示活动

书画展览分为五部分，分别是“翰墨书香 · 书画育人”“有趣的葫芦”“精雕细琢 · 笔尖之美”“玉兰润心 · 叶放光彩”“五彩绘童年”。这五部分巧妙地将学校的美育课堂和课后活动内容融入其中，同时结合了学校的“玉兰节”“红叶节”，展现了和乐少年阳光乐群的精神风貌。

在活动第一部分“阳光少年 · 激情绽放”中，无人机表演的《枫叶红了》展示了我校科技社团与特色教育的完美结合；“绿音”行进管乐团的《中国少年先锋队队歌》《葫芦娃》以震撼的开场，将传统民俗歌谣与新旋律融合，配合旗队变化多端的动作，彰显了“绿音”学子的坚韧与阳光。六年级师生共同演绎的《送别诗》《凤凰花开的路口》则深情表达了师生间深厚的情感。

活动第二部分由“魅力校园、歌舞飞扬”“交流与共、携手同行”两个篇章构成，汇集了民乐团、舞蹈、武术、足球、篮球、体育舞蹈、话剧、葫芦丝、英语戏剧、吟诵等多种艺术形式。各节目在编排上不断创新，将体育与艺术、经典与流行、东方与西方元素融合，展现了和乐少年积极进取、阳光快乐、开放包容的时代风貌。

在活动的最后，近 1300 名师生和家长共同高唱《把未来点亮》，共同见证了这个美好的时刻，并向童真与未来致敬。

舞动童年，喜迎六一

——举办首届啦啦操比赛

和平小学首届啦啦操比赛在六一儿童节前夕激情开幕！本次比赛的目的是展现我校学生充满活力、团结协作、积极向上的精神风貌，同时提高啦啦操的普及率，丰富校园大课间和课后服务活动，培养学生的团队合作能力，增强他们的集体荣誉感。

为了这次比赛，16 支班级代表队，共计 200 多名队员，自 4 月起便开始了辛勤的训练。16 位班主任及体育老师周超婷老师、舞蹈老师余永杉老师也付出了巨大的努力，帮助孩子们完善动作。孩子们不断编排新的啦啦操动作，精益求精，利用课间休息时间全情投入训练。

比赛圆满结束后，丁刚校长和张智校长对参与活动的同学们表示了高度赞扬。他们对同学们的运动热情、多样的队形变换和动作，以及团结协作的精神留下了深刻的印象（图 B–32）。两位校长相信，在这股力量的推动下，我校的啦啦操活动将继续闪耀，不断向前发展。

图 B–32　学生参加啦啦操比赛

目前，啦啦操已成为和平小学同学们极为喜爱的活动之一。通过举办啦啦操比赛，学校让更多同学体验到了这项体育运动的快乐，并展现了我校学生昂扬向上的精神面貌。展望未来，我校计划在区级课题的支持下，深入探索啦啦操教育教学，为学生的全面发展持续贡献力量。

与大师“对话”

——走进尤伦斯美术馆的“艺术课堂”

踏入初冬的门槛，海淀区教科院和平未来实验小学的近50名师生，应邀前往尤伦斯美术馆，体验了一节别开生面的“艺术课堂”。在陈睿老师团队的周密安排下，学生们被分为两组，有序地进行参观学习（图B–33）。杜志远老师以细致入微的方式，向同学们阐述了各位艺术家作品的艺术特色与表现手法，包括立体主义运动的先驱毕加索、以童趣笔触著称的保罗·克利、野兽派的奠基人亨利·马蒂斯、超现实主义与存在主义雕塑大师阿尔伯托·贾科梅蒂及后印象派画家保罗·塞尚等。杜老师的讲解让学生们仿佛置身于教科书中的艺术课堂，感受着艺术的熏陶。

图B–33 师生参观美术馆

此外，美术馆内针对不同艺术时期大师的创作实践，通过情景式介绍，为学生们提供了儿童语音导览和手册，引领着不同年龄段的学生深入艺术的奇妙世界。学生们注意到，每件作品的画框都制作精良，原来美术馆内没有重复的画框，每一个都拥有悠久的历史和独特的品位，这些画框均来自著名收藏家博古睿的珍藏。

此次艺术之旅不仅精选了博古睿现代主义展览，陈老师还精心策划了传统文化展览。展览环节由杜志远老师和王晨皓老师共同负责，他们将传统水墨画与现代科技相结合，融入了音乐、信息、灯光、声控等多种元素。两位老师为学生们提供了详尽的解说，引导他们体验科技与传统文化的完美融合。学生们不禁惊叹，传统水墨画竟能如此生动有趣，甚至有学生通过肢体动作模仿艺术家的作品，场面颇为有趣。

向阳而生　逐梦而行

——海淀区教科院和平未来实验小学举办
2024 年庆祝六一儿童节暨社团展演活动

海淀区教科院和平未来实验小学于 2024 年 5 月 31 日下午 1：30—3：20，在海淀区文化馆（北馆）举办“向阳而生，逐梦而行”——2024 年庆祝六一儿童节暨社团展演活动（图 B-34）。此次活动荣幸邀请到海淀区人大常委会委员郭景玉、海淀区人大常委会教科文卫办公室主任李航、温泉镇党委副书记及镇长人选云峰、温泉镇党委委员及副镇长崔航、温泉镇社区建设办公室科长熊蓉霞、海淀区教科院副院长燕海霞、温苏学区主任翟金利、中航工业计量所党群工作部副部长郭萍、海淀北部文化中心党支部书记兼文化馆馆长岳昌涛、海淀区图书馆（北馆）执行馆长马玉峰及海淀区教科院和平未来实验小学校级家委会代表等嘉宾出席。三年级全体师生参与活动，其他年级师生可在线观看直播。管乐、民乐、武术、啦啦操、合唱、篮球、舞蹈、戏曲、英语戏剧、快板、吉他等社团带来精彩纷呈的表演，充分展示学校社团的丰硕成果。节目尾声，我校青年教师献上舞蹈《相亲相爱》，将活动推向高潮。在场师生共同挥动手臂，舞动身体，展现和平未来实验小学师生的热情与希望。

图 B–34 社团展演现场

后 记

随着本书最后一个字的敲定，我们心中涌现出深深的感慨。撰写这本书的过程，对我们来说，不仅是一次深入研究和探索的旅程，更是一次心灵的洗礼和成长。在探索院校合作建设未来学校新模式的道路上，我们深刻体会到教育的魅力和力量。教育，作为连接过去、现在和未来的桥梁，始终承载着人类文明的希望和梦想。而未来学校，作为教育变革的前沿阵地，更是充满了无限的可能性和挑战。

在撰写本书的过程中，我们得到了许多人的帮助和支持。

首先，要感谢海淀区教科院的领导和专家们，他们一直是最坚实的后盾，无论我们遇到什么困难和挫折，他们始终给予我们无尽的鼓励和支持。

其次，要感谢学校的干部、教师和朋友们，他们的付出与努力让本书增光添彩。

再次，要感谢那些致力于教育研究和实践的先驱者们。他们的理论和实践成果为本书提供了丰富的素材和灵感。正是站在这些巨人的肩膀上，我们才能够看得更远、想得更深。

最后，要诚挚地感谢每一位读者。是您的关注和支持，让我们有动力去完成这本书。我们希望这本书能够为您带来一些启发和思考，为您在教育领域的探索和实践提供有益的参考。

教育是一项伟大的事业，需要我们每个人的努力和贡献。让我们携手前行，共同探索院校合作建设未来学校的新模式，为培养新时代的人才贡献我们的智慧和力量。